CUADERNO DE TRABAJO PARA EL TRATAMIENTO CORPOMENTAL DEL TRASTORNO DE ESTRÉS POSTRAUMÁTICO (TEPT)

Programa para curar en 10 semanas las secuelas del trauma

Stanley Block
Carolyn Bryant Block

175

CUADERNO DE TRABAJO PARA EL TRATAMIENTO CORPOMENTAL DEL TRASTORNO DE ESTRÉS POSTRAUMÁTICO (TEPT)

Programa para curar en 10 semanas
Las secuelas del trauma

Crecimiento personal
COLECCIÓN

Serendipity

Desclée De Brouwer

Título de la edición original:
MIND-BODY WORKBOOK FOR PTSD.
A 10-Week Program for Healing After Trauma

New Harbinger Avenue, Oakland, CA, USA

Traducción:
David González Raga y Fernández Mora Zahonero

Henao, 6 – 48009 Bilbao
www.edesclee.com
info@edesclee.com

EditorialDesclee

@EdDesclee

Printed in Spain - Impreso en España
ISBN: 978-84-330-2627-9
Depósito Legal: BI-210-2013
Impresión: RGM, S.A. - Urduliz

ÍNDICE

Agradecimientos 9

Introducción 11

1. Autoconocimiento y autocuración del TEPT 19

2. Mejora tu vida cotidiana reduciendo tu tensión. 47

3. Rompe la tiranía de los pensamientos negativos 81

4. ¿Por qué parecen funcionar mal tus mejores esfuerzos?. . . . 107

5. Trabajar para superar el TEPT 149

6. La curación de las creencias negativas sobre uno mismo provocadas por el trauma 187

7. Resolución gradual de los recuerdos traumáticos 231

8. Enfrentarte al trauma: Desencadenantes y miedos 267

9. Curar las heridas secundarias y enfrentarte al futuro con una mente en paz 303

10. La vida en plenitud. 337

Apéndice: Términos utilizados en el establecimiento de puentes entre la mente y el cuerpo 347

Referencias bibliográficas 351

AGRADECIMIENTOS

Empezaremos dando las gracias a los pacientes que han compartido con nosotros la conexión entre la mente y el cuerpo para liberarse del efecto de los traumas pasados. Aunque no mencionemos explícitamente a otros pioneros que han trabajado en esta misma línea, valoramos tanto su trabajo que hemos incluido en nuestro enfoque muchos de sus novedosas ideas como, por ejemplo, los conceptos de desencadenante del trauma y de herida secundaria. También queremos expresar nuestro agradecimiento a los clínicos que han puesto a punto, empleado y perfeccionado el trabajo de conexión entre la mente y el cuerpo. Especial mención merece Rich Landward, experto en traumas, que ha elaborado la mayor parte de los mapas TEPT avanzados y cuyo *feedback* ha servido de guía para el desarrollo de este cuaderno de trabajo. Muy importante ha sido también, en la elaboración del presente libro, la participación de Don Glover, Harold Price, Kevin Webb, Theresa McCormick y Joe Boberg. Estamos muy agradecidos a los esfuerzos de las investigaciones dirigidas por Yoshi Nakamura y Derrik Tollefson en busca de pruebas que proporcionasen los cimientos sobre los que asentar las bases del trabajo corpomental. Carol Ann Kent amplió nuestro programa genérico de 10 semanas y lo convirtió en un cuaderno de trabajo. Este libro no hubiese sido posible sin la supervisión y habilidad editorial de Andrea Peters. Y queremos dar también, por último, las gracias a los editores de New Harbinger Publications.

INTRODUCCIÓN

Quizás hayas tenido una experiencia traumática tan terrible que nadie pueda entender lo que te has visto obligado a atravesar. Quizás la herida de tu experiencia traumática, en lugar de cerrar y dejar, con el paso del tiempo, una cicatriz, aparece y reaparece de continuo, distorsionando toda tu vida. Hay veces en las que el sujeto se ve diariamente sometido a la irrupción de *flashbacks*, pensamientos descontrolados, evitación de ciertas situaciones, sentimientos paralizantes y la necesidad de estar muy alerta (hipervigilancia). En otras ocasiones, sin embargo, estas situaciones se presentan durante la noche, provocando insomnio, trastornos del sueño y hasta pesadillas. Todos esos síntomas perturbadores nos dejan irritados, enfadados y aislados. ¡Entonces es cuando el pasado se empeña en seguir presente y la vida acaba convirtiéndose en un infierno! Si todo esto tiene algo que ver contigo, este libro es para ti.

Trauma, estrés y trastorno de estrés postraumático

Un trauma es un acontecimiento súbito e intenso de naturaleza física o emocional (o ambas cosas a la vez) que daña a la persona que lo experimenta. Un trauma puede deberse a un evento aislado o a una secuencia de eventos. Todo el mundo ha padecido algún tipo de experiencia traumática, como episodios de maltrato o abuso infantil, enfermedades, accidentes, violencia doméstica, violación, muertes, desastres naturales y periodos de guerra. Y la capacidad individual para superar adecuadamente ese tipo de experiencias es, por otra parte, muy variable.

El estrés es un indicador corporal de que el evento traumático ha consumido nuestros recursos físicos y emocionales. Hay veces en las que el estrés provocado por eventos pasados desaparece por sí solo pero, en otras ocasiones, sus síntomas siguen aflorando una y otra vez. Y también hay veces en que los síntomas del estrés (como miedo intenso u horror, impotencia, necesidad de evitar ciertas cosas, irritabilidad y perturbaciones del sueño) irrumpen en nuestra vida con una intensidad merecedora de un diagnóstico clínico.

El estudio detallado de los síntomas que presentan quienes han sufrido un trauma ha permitido a los psiquiatras pergeñar una categoría diagnóstica a la que han denominado *trastorno de estrés postraumático* (*TEPT*). Los síntomas del TEPT generan problemas en los ámbitos laboral, relacional y otras dimensiones importantes de la vida y perduran un mes después, al menos, del acontecimiento traumático.

Veamos ahora una breve descripción de estos síntomas, tal y como los resume el *Diagnostic and Statistical Manual of Mental Disorders (DSM-IV-TR)* (APA, 2000):

- Reexperimentar el trauma de un modo que interfiere con la vida cotidiana.
- Evitar estímulos asociados al trauma, como pensamientos, sentimientos, personas, lugares y actividades, así como también disminución del interés por realizar cosas de las que antaño uno disfrutaba, sensación de desapego de la gente, incapacidad para establecer relaciones amorosas y una visión pesimista del futuro.
- Trastornos del sueño, irritabilidad, arrebatos de ira y problemas de concentración, así como también hipervigilancia y aumento de la activación.

¿Puede tu cuerpomente curarse a sí mismo?

El TEPT es un trastorno bien estudiado en torno al cual hay muchas websites y sobre el que se han escrito centenares de libros. Pero, por más información que exista sobre lo que es y hace el TEPT, no es precisamente información lo que, al respecto, necesitas. ¿Para qué podría servir, pues, otro libro sobre el tema? Este cuaderno de trabajo práctico se basa en la premisa de que nuestro cuerpomente (es decir, la totalidad formada por nuestro cuerpo y nuestra mente) sabe cómo curarse del trauma. ¿Te parece ésta una afirmación muy radical? ¡Ciertamente lo es!

«¿Por qué padeces pues –quizás te preguntes entonces– si posees ese extraordinario poder, todos esos síntomas?». Es muy probable que ésa sea la pregunta más interesante que al respecto puedas hacerte. Porque debes saber que ésos son los resultados de las investigaciones cerebrales realizadas recientemente en este sentido (Boly *et al.*, 2008a) y de la experiencia clínica acumulada durante más de una década por médicos, psicólogos, trabajadores sociales e investigadores (Tollefson *et al.*, 2009). La sobreactivación pone en marcha un sistema corporal conocido como *sistema de identidad* que obstaculiza el proceso natural de curación. El objetivo de este cuaderno de trabajo es el de presentar una serie de ejercicios cotidianos que pueden ayudarte a reconocer y desactivar esa interferencia y restablecer tu proceso de autocuración.

El sistema de identidad

Todo el mundo posee un sistema de identidad, que puede estar activado o desactivado (Block y Block, 2007). El sistema de identidad está activado cuando tienes síntomas de TEPT, es decir, cuando tu mente está saturada de pensamientos, tu cuerpo está tenso, tu conciencia se contrae y tienes dificultades para pensar o hacer determinadas cosas. Se le llama sistema de identidad, porque acabamos *identificándonos* erróneamente con el malestar físico y los pensamientos que acompañan a la situación. Resulta esencial, pues, reconocer la activación del sistema de identidad porque, cuando se pone en marcha, obstaculiza el proceso natural de autorregulación y autocuración. Es precisamente la puesta en marcha del sistema de identidad lo que te lleva a reexperimentar el trauma, evitar ciertas situaciones cotidianas, te embota emocionalmente y te mantiene hipervigilante. La vida y el mundo se te presentan entonces teñidos por el dolor del TEPT. Son muchas las cosas que aprenderás, si sigues leyendo, sobre el sistema de identidad, tanto sobre su activación como sobre su desactivación.

¿Qué es la conexión corpomental?

La *conexión corpomental* utiliza la mente y el cuerpo para tender un puente desde un estado de curación limitado a otro en el que puedas restablecer el proceso de autocuración. Este cuaderno te proporciona herramientas (técnicas y prácticas) corpomentales para aquietar tu sistema de identidad. Se trata, como verás, de herramientas muy fáciles de aplicar en la vida cotidiana, que funcionan muy rápidamente. Nuestro trabajo clínico ha puesto de relieve que, cuando el sujeto cuenta con herramientas dirigidas a aquietar el sistema de identidad, los síntomas del TEPT remiten naturalmente, sin necesidad de hacer nada especial (Nakamura *et al.*, de próxima aparición). Así es como la conexión corpomental pone de nuevo en marcha el proceso de autocuración.

Fundamentos cerebrales del proceso de conexión corpomental

La investigación cerebral realizada al respecto (Weissman *et al.*, 2006) ha puesto de relieve la existencia de dos redes de funcionamiento diferentes, una *red ejecutiva* y otra que funciona *por defecto*. La primera coordina continuamente el modo en que vemos el mundo, pensamos, tomamos decisiones y actuamos y es la responsable de la dirección y gestión de nuestra vida. La segunda red, por su parte, opera cuando albergamos pensamientos desproporcionados sobre nosotros mismos y nuestras experiencias. La activación de esta última obstaculiza nuestra respuesta a las situaciones que se presentan. Los investigadores han descubierto que, cuando se activa la modalidad por defecto, la red ejecutiva permanece inactiva (Boly *et al.*, 2008b). Es como si, en un determinado momento, sólo una de ellas pudiese ocupar el asiento del conductor.

Usando una tecnología llamada fMRI [imagen por resonancia magnética funcional], los científicos y médicos pueden obtener ahora una imagen de los cambios cerebrales en el mismo momento en que ocurren. Shaun Ho (Block, Ho y Nakamura, 2009) sostiene que el sistema de identidad y la modalidad de conexión corpomental se corresponden, respectivamente, con la red por defecto y con la red ejecutiva. La investigación cerebral realizada al respecto (Boly *et al.*, 2008b) pone de relieve que, cuando la modalidad por defecto no está sobreactiva, la red ejecutiva se hace cargo de la situación y gestiona mucho mejor las cosas. El sistema de identidad es, pues, el responsable del mantenimiento de los síntomas del TEPT. El trabajo que hemos realizado en este sentido nos ha permitido descubrir que la conexión corpomental aquieta el sistema de identidad, posibilitando el restablecimiento del proceso natural de recuperación del trauma.

Es como si, en nuestro cerebro, hubiese un interruptor que permitiera conectar y desconectar el sistema de identidad (es decir, la red por defecto). De este modo, la puesta en marcha del sistema de identidad desconecta el funcionamiento ejecutivo y su desactivación posibilita, por el contrario, la curación y mejora nuestra vida.

Lenguaje corpomental

Presentaremos un lenguaje corpomental que, apelando a términos muy sencillos, describa tus experiencias personales con etiquetas aplicables a los diferentes estados que pueden asumir tu mente y tu cuerpo. Y este lenguaje, aunque su significado psicológico no sea muy profundo, *puede* enseñarte a poner de nuevo en marcha un proceso de autocuración que reduce rápidamente los síntomas del TEPT.

En ciertas ocasiones, la vida se asemeja a un infierno. Tu cabeza está saturada de pensamientos de odio hacia ti mismo, tu cuerpo grita de dolor y nada de lo que haces te proporciona el menor alivio. Apenas si puedes llevar a cabo tus actividades cotidianas. Esta situación del cuerpomente es lo que llamamos *yo dañado*, que no se limita a una imagen negativa de uno mismo, sino que llega a impregnar todas y cada una de las células de nuestro cuerpo. Se trata de un estado que no depende tanto de una reducción, asociada a la lesión, la enfermedad, el trauma, una infancia difícil o incluso el ADN, del funcionamiento mental o físico, como de la sobreactivación del sistema de identidad.

Cuando, utilizando las herramientas presentadas en este cuaderno de trabajo, logres desconectar tu sistema de identidad, entrarás automáticamente en un estado de equilibrio y armonía natural. Ése es tu *yo verdadero*, un estado en el que se pone de nuevo en marcha el sistema de autocuración natural. En el Apéndice, encontrarás algunas breves definiciones relativas a todos estos términos.

Éste es un libro que sirve para todo el mundo

Las herramientas presentadas en este cuaderno han demostrado su utilidad aun en los casos más extremos de estrés, trauma y TEPT. Sirven tanto para hombres como para mujeres, independientemente de que sean militares o no. Y funcionan también en aquellos casos en que, además del TEPT, te veas afectado por otros problemas (como las lesiones cerebrales, el dolor, los trastornos del sueño, el abuso del alcohol o de substancias u otros problemas mentales). El aspecto más importante de este cuaderno de trabajo es que está hecho para ti, el lector individual y que se basa fundamentalmente en la práctica de los ejercicios propuestos. Así aprenderás a curarte a ti mismo.

Cómo utilizar este libro

Este cuaderno de trabajo es un curso de autoayuda dividido en diez capítulos. Cada capítulo está compuesto por siete ejercicios, uno para cada día, y ha sido pensado para que lo lleves a cabo a lo largo de una semana. Es muy importante la práctica ordenada de los ejercicios. Revisa, si pierdes un día, el capítulo en cuestión, vuelve a lo que hayas hecho durante la semana y retómalo donde lo hayas abandonado. Es importante mantenerse al día y emplear todas las herramientas aprendidas, porque son ellas las que te proporcionarán el fundamento en que se asentará el ejercicio siguiente. Hay veces en las que puede resultar interesante dedicar más de una semana a cada capítulo. La clave del éxito consiste en la integración en la vida cotidiana de las herramientas de conexión corpomental aquí presentadas. No conviene pues, si quieres vivir una vida plena, que dejes de lado ese trabajo.

Al final de cada capítulo hay una Escala CMC (Conexión Mente-Cuerpo) de Evaluación Semanal que te ayudará a valorar el avance en la aplicación a la vida cotidiana de las herramientas que te proporcionamos. El proceso de curación requiere tiempo. Debes aprender cuál es y aprender a curarte a su debido ritmo. Si, en una determinada área de la escala, obtienes una puntuación baja, regresa al ejercicio relacionado con ese ítem. El buen funcionamiento de las escalas de evaluación semanal es el mejor indicador de que tu vida está cambiando. También hay tres Escalas CMC de Calidad de Vida que te ayudarán a avanzar en el proceso curativo.

1

AUTOCONOCIMIENTO Y AUTOCURACIÓN DEL TEPT

Comenzaremos, en este primer capítulo, con un ejercicio rápido dividido en dos partes. Si te atienes a las instrucciones presentadas, no tardarás en ver lo rápido y bien que funcionan. Bastarán unas pocas páginas para que te des cuenta de que el experto que curará tu trauma calza, aquí y ahora, tus mismos zapatos. Sólo después de llevar a cabo este ejercicio y demostrarte que la capacidad autocurativa reside en ti, podrás emprender el proceso de diez semanas de ejercicios cotidianos. Durante la primera semana te enseñaremos el modo de utilizar tus actividades cotidianas para mejorar tu vida.

DÍA UNO **FECHA:** ____________________

1. Selecciona un problema que ahora te preocupe y anótalo en el interior de la figura que presentamos a continuación. Quizás te resulte ilustrativo el mapa de ejemplo de la siguiente página. Dedica luego un par de minutos a tomar nota, en torno a la figura, de todas las ideas que, a propósito de ese problema, se te ocurran. Sé lo más concreto que puedas y anota rápidamente y sin censura tus pensamientos.

MAPA DEL PROBLEMA

a. ¿Está tu mente silenciosa o saturada de pensamientos?

____

b. ¿Está tu cuerpo relajado o tenso? Enumera las zonas de tensión que adviertas en tu cuerpo:

____

____

c. ¿Cómo actúas cuando tu mente y tu cuerpo se encuentran en ese estado?

____

____

Por más que creas que lo que te complica la vida es el problema que has anotado en el centro de tu mapa, las cosas no son así. Lo que acabas de experimentar no es más que el fruto de tu sistema de identidad. Es tu sistema de identidad el que se aferra a los pensamientos, llena tu mente de ruido, tensa tu cuerpo y determina tus acciones. El mapa que presentamos en el paso 2 te enseñará a controlar tu sistema de identidad.

EJEMPLO DE MAPA DEL PROBLEMA

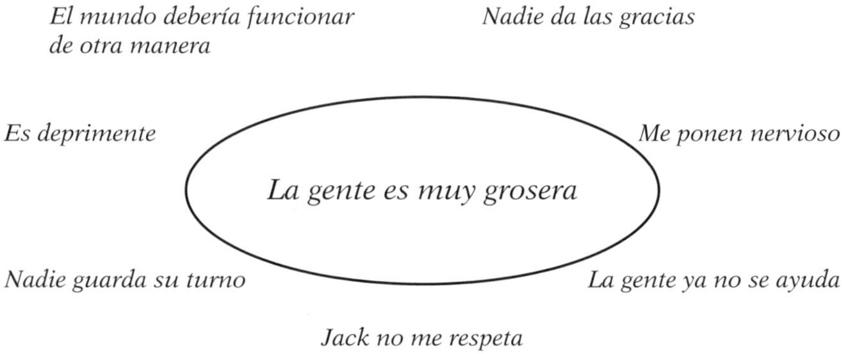

a. ¿Está tu mente silenciosa o saturada de pensamientos?

Mi mente está tan saturada de pensamientos sobre los demás que me olvido de mí.

b. ¿Está tu cuerpo relajado o tenso? Enumera las zonas de tensión que adviertas en tu cuerpo:

Tengo los hombros tensos, dolor de estómago y una «banda» de tensión en torno a la cabeza. Todo yo estoy tenso

c. ¿Cómo actúas, cuando tu mente y tu cuerpo se encuentran en ese estado?

Irritable y enfadado. Tengo que hacer verdaderos esfuerzos para no pegar a alguien

2. El siguicnte paso de este ejercicio te enseñará lo que tienes que hacer para desconectar tu sistema de identidad y puede, por ello mismo, transformar toda tu vida. Convendrá llevar a cabo este ejercicio en una habitación en la que nada, ni la radio, ni la televisión ni otras personas, puedan distraerte. Seguidamente anota, en el interior de la figura adjunta, el mismo problema que has consignado en el mapa anterior. Siéntate luego cómodamente y escucha, antes de seguir adelante, los sonidos procedentes del entorno, siente la presión de tu cuerpo en el asiento, siente el apoyo de las plantas de los pies en el suelo y el contacto con el bolígrafo que sostienes entre los dedos. Regresa amablemente, en el caso de que adviertas la emergencia de pensamientos, a escuchar los sonidos del entorno y conecta con los sentidos. Escribe finalmente, cuando te sientas bien centrado, todo lo que, con respecto al problema en cuestión, se te ocurra. Observa el rastro dejado por la tinta en el papel, sin dejar, por ello, de sentir el contacto del bolígrafo con los dedos y de escuchar los sonidos procedentes del entorno. Escribe durante tres o cuatro minutos.

MAPA CON CONEXIÓN CORPOMENTAL DEL PROBLEMA

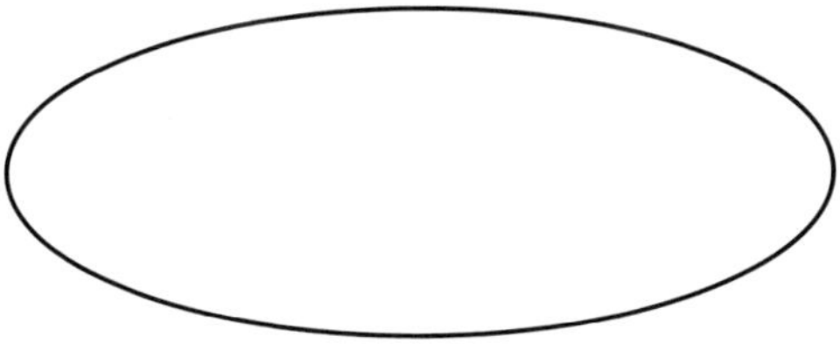

a. ¿Está tu mente silenciosa o saturada de pensamientos?

b. ¿Está tu cuerpo relajado o tenso?

c. ¿En qué difiere este mapa del anterior?

____

____

d. ¿Entiendes ahora mejor el problema? Sí ______ No ______

e. ¿Crees que, si vivieses desde esta conexión corpomental, mejoraría tu capacidad autocurativa? Sí ______ No ______

Este primer ejercicio se denomina *mapa corpomental*. Los mapas corpomentales son breves ejercicios escritos, completados en pocos minutos, que te invitan a esbozar, a modo de instantáneas, los pensamientos que discurran por tu cabeza y tu nivel de tensión corporal. El primer mapa que, en este sentido, has realizado te ha permitido descubrir la actividad de tu sistema de identidad, mientras que el segundo te ha servido para experimentar los beneficios que acompañan a la desactivación del sistema de identidad.

Observa ahora las diferencias que adviertas entre ambos mapas. Del mismo modo que, cuando te haces un corte en un dedo, éste cura de manera natural, también tu TEPT curará naturalmente cuando logres aquietar la conmoción física y mental que acompaña a la activación de tu sistema de identidad. Y poco importa, en este sentido, que el corte haya sido provocado por un cuchillo, una sierra, un vaso o un hacha porque, en cualquiera de esos casos, el cuerpo asume naturalmente la responsabilidad de curar que le compete. En el segundo mapa, has experimentado en primera persona el modo de desactivar tu sistema de identidad. Has visto que, cuando te centras en las sensaciones corporales y en los sonidos que te rodean –y regresas literalmente, en consecuencia, a los sentidos–, tu sistema de identidad se desactiva y puedes enfrentarte más adecuadamente a tus problemas. Este cuaderno de trabajo te enseñará el modo de restablecer la conexión corpomental, una herramienta fundamental para la desactivación del sistema de identidad. De este modo, la conexión corpomental te permitirá pasar del yo dañado al funcionamiento natural y curativo del yo verdadero. Recuerda que el funcionamiento natural es el modo en el que piensas, sientes, ves el mundo y actúas cuando tu sistema de identidad está desactivado.

Esta semana aplicarás a tu vida cotidiana lo que hayas aprendido en los dos mapas realizados. Lo más importante de este cuaderno de trabajo es llevar a cabo los ejercicios propuestos. Y cada nuevo ejercicio te proporcionará, en este sentido, un instrumento nuevo que deberás guardar en tu caja de herramientas. Es importante que realices los ejercicios en el mismo orden en que el cuaderno te los presenta porque, de ese modo, establecerás un fundamento sólido para reducir tus traumas o los síntomas de tu TEPT. Ten en cuenta que el éxito del programa dependerá exclusivamente de la capacidad que tengas para aplicar a la vida cotidiana lo que hayas aprendido. Tu capacidad autocurativa se desarrolla por sí sola. No debes obligarte a curar, como tampoco obligas a que cicatrice el corte de tu dedo. La curación, cuando aprendes a desconectar tu sistema de identidad, tiene lugar por sí sola.

Muchas personas que padecen TEPT vuelven, después de haber ejercitado la primera sesión, diciendo algo así como «aunque todavía experimento los síntomas, ahora siento que dispongo de más espacio». Ésta es una metáfora que refleja exactamente el modo en que funciona el establecimiento de un puente de conexión entre la mente y el cuerpo. Cuando aquietas tu sistema de identidad, como hiciste en el segundo mapa, te centras automáticamente, lo que aumenta tu capacidad de enfrentarte a los problemas. La Figura 1.1 ilustra perfectamente que la magnitud del problema o de los síntomas sigue siendo la misma. Al haber vivido limitadas por el dolor físico y mental, las personas aquejadas de TEPT acaban creyendo que no son más que un pequeño saco relleno de síntomas. Pero basta, para expandir el recipiente en que te encuentras, con desconectar el sistema de identidad. Cuando el cuerpo y la mente están conectados, se amplía nuestro espacio vital, nuestro espacio curativo y nuestro espacio de solución de problemas, posibilitando la reanudación del proceso natural de autocuración.

Repitamos que lo importante es hacer los ejercicios en el orden en que el cuaderno los presenta. Eso permitirá establecer unos cimientos sólidos para reducir con éxito el trauma o los síntomas del TEPT.

Rellena, al finalizar el ejercicio de hoy, tu primera Escala CMC [conexión mente-cuerpo] de Calidad de Vida. Se trata de una escala que hemos ubicado en diversos puntos del cuaderno de trabajo para que puedas anotar objetivamente en ella tus progresos y rastrear sistemáticamente las experiencias que pueden cambiar tu vida.

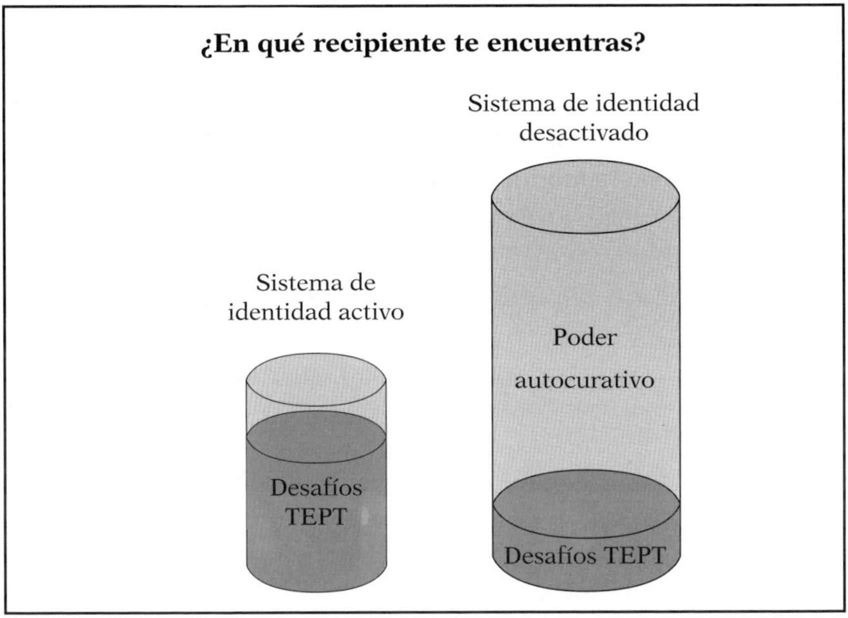

Figura 1.1

Vivir, como ya hemos dicho, acosados por los retos del TEPT se asemeja a vivir inmersos en un pequeño recipiente. En este caso, acabamos creyendo erróneamente que *sólo* somos un espacio pequeño espacio lleno de síntomas (zona más oscura) dentro de un recipiente limitado (zona ligeramente sombreada). Pero, como ya hemos visto, lo que nos mantiene atrapados es la activación del sistema de identidad.

Cuando, por el contrario, nuestro sistema de identidad se desconecta, experimentamos automáticamente una ampliación que expande el espacio vital en el que nos encontramos. La zona ligeramente sombreada representa nuestro espacio vital, nuestro espacio de solución de problemas, nuestro espacio curativo. Y, aunque la magnitud de los retos a los que nos enfrentamos sigue siendo la misma, el tamaño del recipiente se ha expandido considerablemente. Las herramientas de conexión corpomental aquietan nuestro sistema de identidad, ampliando nuestro espacio vital y abriéndonos a un estado en el que puede tener lugar la curación.

Escala CMC de calidad de vida

Fecha: ____________________

Rellena ahora tu primera Escala CMC de Calidad de Vida. Se trata de una escala que hemos ubicado en diferentes puntos del cuaderno para que puedas anotar objetivamente en ella tus progresos y rastrear sistemáticamente las experiencias que pueden cambiar tu vida.

¿Qué has hecho, durante los últimos siete días, en los siguientes dominios?

Rodea con un círculo el número que más concuerde con tu respuesta	Ninguno	Varios días	Más de la mitad de los días	Casi a diario
1. He estado interesado en hacer cosas	0	1	3	5
2. Me he sentido optimista, activo y esperanzado.	0	1	3	5
3. He dormido bien y me he despertado descansado.	0	1	3	5
4. He tenido mucha energía.	0	1	3	5
5. He podido concentrarme en las tareas y mantener la disciplina.	0	1	3	5
6. Me he sentido bien, he comido bien, he hecho ejercicio y me he divertido.	0	1	3	5
7. Me he sentido bien con mis relaciones, con mi familia y con mis amigos.	0	1	3	5
8. Me siento satisfecho con lo que he hecho en casa, en el trabajo y en la escuela.	0	1	3	5
9. Me siento a gusto con mi situación económica.	0	1	3	5
10. Me siento a gusto con el fundamento espiritual de mi vida.	0	1	3	5
11. Estoy satisfecho con la dirección que sigue mi vida.	0	1	3	5
12. Me siento satisfecho, bien y en paz conmigo mismo.	0	1	3	5
Puntuación total	______	______	______	______

Puntuación total ________

DÍA DOS FECHA: ____________________

En la medida en que, durante el primer día, establezcas contacto con los sentidos, empezarás a sentirte físicamente más tranquilo y alcanzarás también una mayor claridad mental. Quizás se trate de una sensación fugaz o que perdure, por el contrario, un tiempo. ¿Qué es lo que te impide, cuando tratas de hacer el mapa por segunda vez, escuchar los sonidos del entorno, sentir el contacto del bolígrafo con los dedos y el rastro que la tinta deja sobre el papel? ¡En efecto, son tus pensamientos! Tu mente segrega naturalmente pensamientos, tanto pensamientos positivos como pensamientos negativos. No trates de desembarazarte de los pensamientos negativos. Si te empeñas en ello sólo conseguirás, de hecho, empeorar las cosas. Ten en cuenta que, cuando tratas de alejar algo, le infundes energía. El sistema de identidad se aferra a tus pensamientos negativos naturales, tensa tu cuerpo y te desconecta de los sentidos.

Resulta muy útil, cuando afloran los pensamientos, apelar a una herramienta de conexión corpomental llamada *etiquetado de los pensamientos*, que consiste sencillamente en nombrarlos. Así, por ejemplo, cuando aparece, mientras estás en la ducha, el pensamiento «hoy será un día muy complicado», puedes decirte «estoy teniendo el pensamiento de que "hoy será un día muy complicado"» y sentir, mientras sigues duchándote, el agua cayendo sobre tu cuerpo y el ruido que hace al golpear sobre el plato de la ducha. El etiquetado te permite darte cuenta de que *un pensamiento no es más que un pensamiento*, al tiempo que impide que tu sistema de identidad elabore historias que llenan de ruido tu mente, tensan tu cuerpo y embotan tus sentidos. Así es como rompes el círculo vicioso de los pensamientos negativos. Una mujer de treinta años, cuya vida había ido de crisis en crisis, informó en este sentido que «ducharme era un tiempo que antes dedicaba a revisar mi lista de situaciones críticas, pero ha acabado convirtiéndose en una oportunidad para tranquilizarme. Y mi marido se dio cuenta de inmediato de la espectacular mejora que habían experimentado nuestras mañanas».

Etiqueta los pensamientos que, durante el día, te aparten de lo que estás haciendo y vuelve luego a prestar atención a tu vida cotidiana.

¿Qué es lo que, en este sentido, adviertes?

DÍA TRES **FECHA:** ____________________

Ser consciente de los sonidos que te rodean es una de las *prácticas de conexión corpomental* que aprenderás en este cuaderno. Estas prácticas pueden ayudarte a transformar una vida cargada de síntomas de TEPT (yo dañado) en una vida plena (yo verdadero). Y tender ese puente es bastante más sencillo de lo que puedes imaginar.

1. Son muchos los sonidos que te rodean. Detente y escucha, durante el día, los sonidos del entorno, como el ruido sordo del motor del aire acondicionado, el rumor de las hojas de los árboles movidas por el viento o el zumbido del motor de la nevera o del ventilador del ordenador. Regresa amablemente, si tus pensamientos empiezan a vagar, a lo que estabas haciendo. Y observa entonces, sin dejar de atender a los sonidos del entorno, lo que sucede en tu mente y en tu cuerpo. ¿Está tu mente tranquila? ¿Está tu cuerpo más relajado? ¿Qué es lo que sucede?

La activación del sistema de identidad cierra tus sentidos hasta que sólo eres consciente de tus ruidos mentales y de tus tensiones corporales. Es como si te cubrieras los oídos con las manos y no te permitieses escuchar ningún sonido. Pero el sistema de identidad no sólo te impide escuchar los omnipresentes sonidos del entorno, sino que también te impide servirte de tu omnipresente capacidad autocurativa. Cuando utilizas tus sentidos, tu sistema de identidad se aquieta, permitiéndote abordar los problemas con una mente más tranquila y un cuerpo más relajado, lo que facilita la curación de los efectos del trauma. Resulta muy ilustrativo, en este sentido, el comentario de una mujer de veinticinco años, con una vida cargada de recuerdos intrusivos y tensiones corporales, que me dijo: «¡No sé lo que tendrá el ventilador pero, apenas lo escucho, me relajo!».

2. Conducir puede ser, para muchas personas, una experiencia estresante, especialmente en casos de tráfico denso, obras o la presencia de conductores inseguros que se consideran los dueños de la carretera. Desconecta, cuando conduzcas, la radio, el reproductor de cedés y el teléfono y observa lo que sucede con tu tensión corporal mientras sujetas el volante, escuchas el ruido del motor, contemplas el paisaje y prestas atención a la carretera.

   ¿Cómo has conducido hoy?

Son muchas las personas que nos han dicho que esta práctica les ha salvado literalmente la vida.

3. Escucha, cuando esta noche vayas a dormir, los sonidos que te rodean y préstales atención. Siente el roce de las sábanas con las yemas de los dedos. Date cuenta de la oscuridad al cerrar los ojos. Sé paciente y restablece contacto con los sentidos. Una cabeza ruidosa jamás podrá tranquilizar a una cabeza ruidosa. Etiqueta los pensamientos, si despiertas en mitad de la noche diciéndote, por ejemplo, «estoy teniendo el pensamiento de que "estaba sumido en una pesadilla"» o «estoy pensando que "no me volveré a dormir"», y regresa luego a los sentidos. Esta práctica nocturna es esencial para tu bienestar.

   Observaciones:

Un veterano de la guerra de Vietnam, que padecía un trastorno crónico y severo del sueño, nos dijo en este sentido: «Tengo un viejo rottweiler que duerme en el suelo de mi habitación y un joven perro callejero que duerme sobre mi cama. Ahora *escucho* los ronquidos del rottweiler y *siento* el pelaje del perrillo. ¡Hacía veinte años que no dormía tan bien!».

Recuerda que estás desarrollando la práctica de establecer puentes entre la mente y el cuerpo. Y no olvides la importancia de seguir empleando los ejercicios presentados los días anteriores.

DÍA CUATRO FECHA: ____________________

Hoy habrás tocado centenares de cosas. ¿Eres consciente de lo que sientes cuando tocas los zapatos, los calcetines, la camisa, las llaves, el tenedor, el reloj, un papel o el ordenador? ¿Eres consciente de tus sentidos cuando tocas a tu hijo o a un amigo? ¿Sientes la taza de café o la botella de agua que sostienes en la mano? Son muchas las ocasiones que para ello tienes, por más que tu sistema de identidad haya embotado tu cuerpo o te haya desconectado de tus sensaciones. Conectar con la sensación táctil es otra práctica que te ayudará a establecer puentes entre la mente y el cuerpo y a desconectar, en consecuencia, tu sistema de identidad.

Sé consciente, durante el día, de las sensaciones que te llegan de las yemas de los dedos cuando tocas cosas tales como vasos, teléfonos, lápices, ordenadores y otros objetos y superficies. Siente, mientras estás lavándote las manos o duchándote, el contacto del agua sobre tu piel. Date cuenta de lo que sientes al tocar a otros o al ser tocado por ellos. Eso quizás requiera cierto esfuerzo, porque el sistema de identidad embota tus sentidos. Recuerdo, en este sentido, el comentario de un hombre de cuarenta y cinco años con síntomas de TEPT que me dijo: «Ir al despacho de mi jefe siempre era, para mí, un recorrido infernal. Ahora siento el apoyo de los pies en el suelo y escucho el sonido de mis pasos. Y, aunque sigue siendo igual de desagradable, se trata de una experiencia completamente nueva, hasta el punto de que mi jefe ha llegado a preguntarme si estoy tomando una nueva medicación». Un veterano de la guerra de Irak nos dijo que el simple hecho de sentir el contacto y el roce en las yemas de sus dedos le tranquilizaba lo suficiente como para no acabar liándose a trompazos con cualquiera.

Advierte lo que has tocado y con qué frecuencia y date cuenta también de las sensaciones que te acompañan a lo largo del día ¿No te sientes acaso mejor cuando eres consciente de lo que has estado tocando? ¿Qué es lo que ha sucedido?

____

____

____

____

____

____

Una estudiante universitaria nos dijo al respecto: «Limpio casas para pagarme los estudios. Antes siempre estaba enfadada y resentida pero ahora, cuando trabajo, siendo la aspiradora en la mano, huelo los productos de limpieza y observo el agua escurriéndose por el sumidero. ¡Ya no necesito, para sentirme bien, ir a correr o ascender a lo alto de una montaña!».

Todavía estás desarrollando la práctica de tender puentes que conecten la mente y el cuerpo. No olvides ejercitar también las prácticas de los días anteriores.

DÍA CINCO **FECHA:** ____________________

El siguiente ejercicio de conciencia de la conexión corpomental trabaja con la sensación visual y es realmente difícil. El sistema de identidad elabora una historia que nos lleva a aferrarnos a determinadas imágenes y a rechazar otras. Cuando estamos conectados con uno o más sentidos, nuestro sistema de identidad se desactiva, nuestra conciencia se expande y vemos lo que realmente se halla ante nosotros. ¿Crees acaso que una cabeza ocupada te permite ver los colores, las formas, la hermosura de una puesta de sol o la singularidad de una mota de polvo posada en el suelo? Probablemente no te permita hacerlo mucho tiempo. Presta atención a tu siguiente comida. ¿Qué textura, colores y formas tiene, antes de empezar a comer, el plato que se halla frente a ti?

¿Con qué frecuencia has observado los rasgos faciales de otra persona? Un hombre, que solía perder los estribos, me dijo al respecto: «No podía aguantar la voz aguda de mi esposa criticándome. Ahora observo su rostro, veo cómo mueve los labios y advierto su expresión facial y, por alguna razón, me siento más cerca de ella. Estoy empezando incluso a advertir la dulzura de su voz chillona».

Presta atención a lo que ves cuando observas el paisaje y los objetos. Advierte su forma y su color. Cuando realmente ves lo que se halla frente a ti, tu sistema de identidad descansa. Observa las expresiones faciales de los demás y, cuando adviertas la emergencia de un pensamiento, etiquétalo diciendo «esto no es más que un pensamiento» y regresa amablemente a lo que estabas haciendo.

Observaciones:

____

____

____

____

Todavía estás desarrollando las prácticas de establecimiento de la conexión corpomental. No olvides, sin embargo, la necesidad de seguir ejercitando las prácticas de los días anteriores.

DÍA SEIS **FECHA:** ____________________

Utiliza, durante todo el día, las prácticas de establecimiento de puentes (es decir, de vuelta a los sentidos) para aliviar el estrés y permanece relajado y concentrado. Y, cuando aparezcan pensamientos que te alejen de la actividad que estés llevando a cabo, etiquétalos. Una veterana de la guerra de Afganistán dijo, por ejemplo, sentirse muy enfadada y frustrada al ver el tiempo que sus compañeras de trabajo perdían en los descansos, charlando o yendo lentamente de un lado a otro. Había abandonado ya un par de trabajos y estaba a punto de renunciar al tercero cuando aprendió la técnica de tender puentes entre la mente y el cuerpo. Cada vez que ahora se da cuenta de que está pensando «¡vaya manera que tienen mis colegas de alargar el tiempo de descanso!», lo etiqueta diciéndose «estoy teniendo el pensamiento de que "¡vaya manera que tienen mis colegas de alargar el tiempo de descanso!"». De este modo, sus sensaciones le permiten sentir el contacto de sus talones con los zapatos, ver el movimiento de sus colegas y escuchar el ruido del motor del aire acondicionado, lo que le permite relajar su cuerpo y seguir desempeñando sus obligaciones como enfermera. Y, aunque todavía siga decepcionada de sus colegas, ya no se siente, sin embargo, frustrada ni enfadada.

Enumera las situaciones estresantes por las que hayas atravesado el día de hoy. ¿A qué prácticas has apelado? ¿Has utilizado acaso el etiquetado de los pensamientos? ¿Qué es lo que ha sucedido?

Estrés	Prácticas de conciencia	Etiquetado de los pensamientos	¿Qué es lo que ha sucedido?

Todavía estás desarrollando la práctica de establecimiento de puentes conscientes entre tu cuerpo y tu mente. No olvides utilizar también las prácticas de los días anteriores.

DÍA SIETE FECHA: ____________________

Estas tareas no son simples ejercicios, sino que deben acabar formando parte de tu vida cotidiana. «¿Puede acaso –pregúntate ahora– el hecho de escuchar los sonidos procedentes del entorno, de sentir el contacto de los pies con el suelo y de ser consciente de lo que toco, contribuir a aliviar realmente los síntomas de mi TEPT? ¿Pueden ser las cosas realmente tan sencillas?». ¡Sí! Y, si sigues practicando estos ejercicios, serán todas y cada una de las células de tu cuerpo las que respondan a esta pregunta con un rotundo «¡sí!».

Una lluviosa tarde, Jeff, un veterano de la guerra de Vietnam que llevaba mucho tiempo padeciendo de TEPT, estaba cuidando a sus nietos cuando recibió una llamada de urgencia anunciándole que su padre acababa de sufrir un grave ataque cardiaco y debía acudir rápidamente al hospital. Jeff odiaba conducir en medio de la lluvia (especialmente de noche), porque esa situación le recordaba las lluvias torrenciales de Vietnam. Pero, como no tenía otra alternativa, cargó a sus nietos en el coche y emprendió con ellos el camino al hospital. Sin embargo, cuando su mente empezó a llenarse de pensamientos que discurrían a toda velocidad y la opresión en el pecho le impedía respirar, apeló a sus prácticas de conexión corpomental, sintiendo realmente el contacto del volante en sus manos, lo cual le ayudó a relajar el exceso de tensión. También escuchó el sonido del motor, prestó atención al paisaje y sintió las vibraciones de la carretera. Y, cuando llegó al hospital, ni siquiera le molestaba, según dijo, el ruido de la lluvia. «Es muy probable que la práctica de cobrar conciencia de la conexión corpomental –dijo– salvase mi vida y también la de mis nietos.»

Ejercita, durante tu vida cotidiana, la capacidad de establecer puentes de conexión entre el cuerpo y la mente y de etiquetar los pensamientos. Sé consciente, a lo largo del día, de todas tus actividades. Siente, por ejemplo, el modo en que tus pies se apoyan en el suelo, siente el contacto de la punta de los dedos en el teclado, escucha el zumbido del motor del ventilador del ordenador, siente la presión de la espalda en el respaldo de la silla, siente el tenedor que sostienes en la mano, observa la comida y sé consciente del modo en que la escoba limpia el suelo mientras barres. Toma luego nota de las prácticas de conciencia de conexión corpomental que has utilizado, cuáles han surtido efecto y cuáles no.

1. ¿Qué prácticas de conciencia de conexión corpomental has ejercitado? Sé lo más concreto que puedas.

2. ¿Qué prácticas han funcionado?

3. ¿Qué prácticas *no* han funcionado?

4. ¿Te resultó más sencillo, cuando te cubriste las orejas con las manos para aquietar tu sistema de identidad, enfrentarte a tu día y a tus síntomas? ¿En qué sentido?

Todavía estás desarrollando tus prácticas de conciencia de la conexión corpomental. No olvides seguir ejercitando las prácticas de los días anteriores.

La siguiente escala te servirá para determinar si estás aplicando bien las actividades semanales a tu vida cotidiana.

ESCALA CMC DE EVALUACIÓN SEMANAL
AUTOCONOCIMIENTO Y AUTOCURACIÓN DEL TEPT

Fecha: ____________________

¿Cómo ha funcionado, durante la pasada semana, tu práctica? Escoge, de entre las siguientes, la valoración que más se adapte a tu caso (casi nunca, ocasionalmente, habitualmente o casi siempre).

¿Con qué frecuencia...	**Casi nunca**	**Ocasionalmente**	**Habitualmente**	**Casi siempre**
escuchas los sonidos del entorno?				
sientes la sensación de tus dedos sosteniendo la botella de agua, la taza de café, el vaso de agua fría o el refresco?				
sientes la sensación de tus dedos al tocar algo?				
sientes la presión de tus pies al caminar?				
sientes la presión en la espalda al sentarte?				
sientes el volante, escuchas el ruido del motor del coche y prestas atención a la carretera mientras conduces?				
escuchas el ruido del agua al irse por el desagüe o la sientes en tu cuerpo al ducharte o lavarte las manos?				
estás atento mientras realizas actividades cotidianas como hacer la cama, comer, cepillarte los dientes y levantarte?				
eres consciente de las sensaciones corporales que experimentas al tocar a alguien?				
te das cuenta de las expresiones faciales de los demás?				
apelas a prácticas de establecimiento de puentes cuando te relajas y permaneces concentrado en casa y en el trabajo?				
utilizas las prácticas de establecimiento de puentes para ayudarte a conciliar el sueño?				
apelas a prácticas de establecimiento de puentes para aliviar la tensión o reducir el sufrimiento?				
te sientes conectado a tu propia fuente de salud, bienestar y sabiduría?				

Anota un par de conclusiones a las que hayas llegado sobre tu vida desde el momento en que has emprendido la práctica de restablecimiento de la conexión entre la mente y el cuerpo:

2

MEJORA TU VIDA COTIDIANA REDUCIENDO TU TENSIÓN

Habrás advertido que no hemos hablado de tus experiencias traumáticas ni nos hemos centrado en los síntomas más inquietantes del TEPT. Pero no debes concluir, por ello, la idea equivocada de que estamos subestimando la importancia de tu trauma. Conocemos muy bien la extraordinaria influencia que tiene sobre todos los aspectos de tu vida. Por el momento, sin embargo, centraremos nuestra atención en el papel que, en el mantenimiento de los síntomas del TEPT, desempeña el sistema de identidad. La verdad es que cuando, en este momento y lugar, desactivas tu sistema de identidad, estas curándote de tu TEPT.

En el primer capítulo, hemos presentado un par de herramientas fundamentales (las prácticas de conexión corpomental y de etiquetado de los pensamientos). Y has aprendido que conectar con los sentidos y etiquetar los pensamientos te proporciona nueva información sobre ti mismo y sobre el mundo que te rodea. También has aprendido a utilizar esas herramientas para aquietar la sobreactividad de tu sistema de identidad. En este capítulo, aprenderás a emplear las herramientas que *impiden* la activación del sistema de identidad y a pasar de una modalidad reactiva a otra proactiva.

Veamos ahora cómo funciona el sistema de identidad. Son muchos los sistemas que se ocupan de regular el funcionamiento de nuestro cuerpo. Tenemos, por ejemplo, un sistema de regulación de la temperatura, que se encarga de mantenerla estable en torno a los 37 °C. Es ese sistema el que, si la temperatura de nuestro cuerpo aumenta, nos hace sudar y si, por el contrario, se reduce, nos lleva a temblar, en un intento de restablecer la temperatura normal de nuestro cuerpo. También tenemos, del mismo modo, un sistema de identidad que funciona de forma parecida al sistema de regulación de la temperatura, aunque no se ocupa tanto de establecer una temperatura ideal como de mantener una «imagen ideal» del modo en que el mundo debe funcionar. Ambos sistemas se encargan de registrar, instante tras instante, si cumplimos con los requisitos preestablecidos. El sistema de regulación de temperatura nos lleva, cuando no se cumplen dichos requisitos, a sudar o temblar. Y cuando, del mismo modo, los requisitos incumplidos son los que afectan al sistema de identidad, nuestra tensión corporal se intensifica y nuestra mente se llena de ruido, obstaculizando nuestras actividades.

El estado natural del sistema de identidad es el reposo y sólo se activa cuando se incumplen determinados requisitos. Estos *requisitos* son reglas relativas al modo en que el mundo y tú deberíais hallaros en un determinado momento («mi esposa debería ser más comprensiva» o «la gente no debería circular a 30 km/h en una zona de 50 km/h», por ejemplo). El primer paso, en consecuencia, para impedir que los eventos negativos lleguen a afectarte consiste en darte cuenta de los requisitos establecidos por el sistema de identidad. Un requisito es *cualquier* pensamiento que ponga en marcha tu sistema de identidad. «No debería llover», por ejemplo, es un pensamiento pero, cuando el sistema de identidad acaba convirtiéndolo en un requisito, ese pensamiento puede generar tensión corporal en la espalda y evocar recuerdos asociados como chapotear en los campos de batalla de Vietnam. Pero no es el contenido lo que convierte a un pensamiento en un requisito, sino más bien lo que le sucede al pensamiento. Cuando el sistema de identidad lo convierte en un requisito, el pensamiento evoca recuerdos cargados de historias y de tensiones corporales. En tal caso, experimentamos la lluvia a través de ese filtro y pasamos el día sumidos en el pasado. Cuando nuestro sistema de identidad está descansando y no convierte a un pensamiento en un requisito, nuestra mente permanece en silencio y nuestro cuerpo relajado. Vemos la lluvia como mera lluvia y concluimos que éste no es más que otro día lluvioso.

El factor determinante es la activación o desactivación de tu sistema de identidad. Cuando estás conduciendo y alguien cambia de carril cerrándote imprudentemente el paso puedes pensar, por ejemplo: «¡Menuda imprudencia! ¿Cómo puede alguien conducir así?». Entonces te aferras al volante, tu respiración se intensifica, tu rostro enrojece y tensas los hombros, signos, todos ellos, de que el pensamiento «nadie debería cruzarse imprudentemente en mi camino» ha puesto en marcha tu sistema de identidad. Todo el mundo piensa que los demás deberían conducir con más prudencia pero, cuando el sistema de identidad asume el control, el pensamiento de que «nadie debería cruzarse imprudentemente en mi camino» acaba convirtiéndose en un requisito. Y el aumento de la presión sanguínea y la intensificación del nivel de estrés obstaculizan tu capacidad de conducir con seguridad. Poco importa entonces que el conductor imprudente haya abandonado la autopista, porque tu mente seguirá abarrotada de pensamientos y tu cuerpo seguirá tenso. ¿No basta con que un conductor imprudente casi haya provocado un accidente? Movilizando tus pensamientos y tensando tu cuerpo, tu sistema de identidad no hace más que echar sal en la herida. Pero, de ese modo, tu día puede arruinarse o, peor todavía, acabar provocando un accidente. Es importante señalar que, cuando el sistema de identidad captura un pensamiento natural y lo transforma en un requisito, te convierte en una víctima de las circunstancias. El uso de las herramientas de conexión corpomental y de etiquetado de los pensamientos impide que tu sistema de identidad acabe convirtiendo a los acontecimientos en experiencias destructivas. La identificación de los requisitos es la más importante de todas las herramientas que este cuaderno te enseñará.

En este capítulo, cartografiarás los requisitos de tu sistema de identidad. Recuerda que los mapas son breves ejercicios escritos que sólo te robarán unos minutos. Son como esbozos, pequeñas instantáneas de tus pensamientos y de tu tensión corporal. Cada nuevo mapa intensificará la conciencia de tus requisitos, reducirá el control de tu sistema de identidad y aumentará tu poder personal.

DÍA UNO **FECHA:** ____________________

1. Busca, a lo largo del día, indicios que revelen la activación de tu sistema de identidad como, por ejemplo, tensiones corporales, ruido mental y dificultades para hacer algo. Observa si puedes aquietar tu sistema de identidad apelando a las prácticas de conexión corpomental y de etiquetado del pensamiento y vuelve a prestar atención a la actividad que estabas llevando a cabo.

a. ¿Qué sucede cuando tu sistema de identidad está hiperactivo?

Situación	Tensión corporal	Ruido mental	¿Cómo actúas?

b. ¿Cuántas veces se ha activado hoy tu sistema de identidad? ______

c. Describe lo que ha sucedido cuando has utilizado las herramientas de conexión corpomental (es decir, de intensificación de la conciencia y de etiquetado de los pensamientos) para reducir la actividad de tu sistema de identidad.

Situación	Tensión corporal	Herramientas de conexión corpomental	¿Cómo actúas?

d. ¿Estaba, cuando has aquietado tu sistema de identidad, tu mente más clara? Sí ______ No ______

2. Elabora un mapa del modo en que, en tu opinión, debería ser el mundo (ver el siguiente ejemplo). Dedica unos cuantos minutos a escribir, en torno a la siguiente figura, los pensamientos que se te ocurran sobe el modo en que debería ser tu mundo cotidiano (como, por ejemplo, «la gente tendría que comportarse de un modo más amable y bondadoso» o «yo no debería cometer ningún error»). Sé lo más concreto que puedas y no censures los pensamientos.

MAPA: ¿CÓMO DEBERÍA SER EL MUNDO?

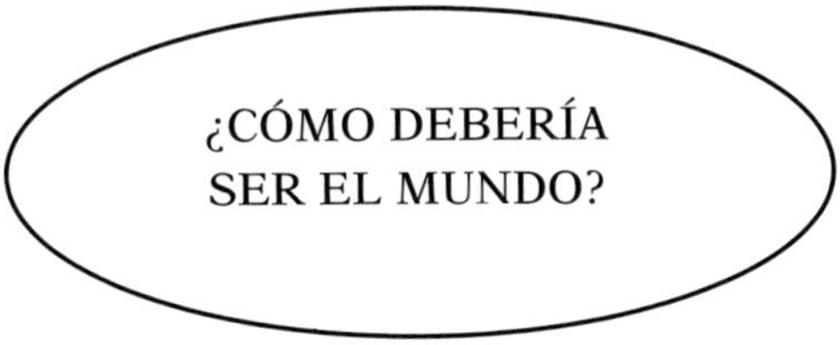

EJEMPLO DE MAPA: ¿CÓMO DEBERÍA SER EL MUNDO?

Chris debería mostrarme más respeto

La gente no debería hablar tanto

La paz debería reinar en el mundo

Yo no tendría que estar tan tenso

La gente tendría que conducir con más prudencia

¿CÓMO DEBERÍA SER EL MUNDO?

Mi hijo debería comportarse mejor

Lisa debería mostrarse más compasiva

Yo no tendría que cometer ningún error

La gente no tendría que mirarme

a. ¿Crees que todo lo que has escrito en tu mapa debería ocurrir?

Sí ______ No ______

b. Anota, en el siguiente estadillo, aquellos pensamientos cuya probabilidad de ocurrencia sea baja y la tensión corporal asociada.

Pensamiento «¿Cómo debería ser el mundo?»	Tensión corporal y su localización	✔
Ejemplo 1: Chris debería mostrarme más respeto	*Puños tensos y mandíbula apretada*	✔
Ejemplo 2: La paz debería reinar en el mundo	*Tensión corporal mínima*	

c. Las tensiones corporales anotadas evidencian que el pensamiento en cuestión es un requisito que ha activado tu sistema de identidad. Anota, en la tercera columna, una marca de cotejo que corrobore que se trata de un requisito

Tu sistema de identidad captura tus ideas sobre el modo en que el mundo debería ser. Y, cuando te parece que las cosas no ocurren del modo en que crees que deberían ocurrir, tu cuerpo se tensa y tu mente se llena de ruido, restringiendo tu experiencia de la vida. Recuerda que los pensamientos que activan tu sistema de identidad son requisitos. Veamos, a modo de ejemplo, lo que sucede con la idea de que «Chris debería mostrarme más respeto».

Cuando piensas en las diferentes maneras en que Chris te está faltando al respecto, tu tensión corporal puede llevarte a tensar los puños y la mandíbula, lo que pone de relieve la existencia de un requisito que, en tal caso, sería «Chris debería mostrarme más respeto». El hecho, por otra parte, de que la tensión corporal que acompaña al otro pensamiento reseñado de que «la paz debería reinar en el mundo» sea mínima, evidencia que tu sistema de identidad no se activa, es decir, que no se trata de un requisito. Pero ello no significa que no debas esforzarte en el logro de un mundo más pacífico, sino tan sólo que debes hacerlo con un cuerpo tranquilo y una mente clara.

3. Apela ahora a las prácticas de conciencia de la conexión corpomental que has aprendido en el Capítulo 1 para elaborar un nuevo mapa sobre el modo en que debería ser el mundo. Escucha, antes de comenzar a escribir, los sonidos procedentes del entorno, siente la presión de tu cuerpo sobre el asiento, el apoyo de las plantas de los pies en el suelo y el contacto con el bolígrafo que sostienes en la mano. Siente, una vez centrado, el bolígrafo y anota el modo en que crees que debería ser el mundo. Observa el trazo que deja la tinta sobre el papel y escucha cualquier sonido procedente del entorno. Anota todo lo que se te ocurra sobre el modo en que crees que el mundo debería ser.

¿CÓMO DEBERÍA SER EL MUNDO?

a. ¿Qué diferencias adviertes entre este mapa y el mapa del ejercicio 1?

____

____

____

____

b. ¿Ves el modo en que puedes enfrentarte al mundo tal cual es, sin la presión y distorsión de tu sistema de identidad presente en el mapa que has elaborado anteriormente?

____

____

____

Cuando, en tu vida, aparezca un pensamiento de este tipo (como el de que «Chris debería mostrarme más respeto», por ejemplo), conecta con tus sentidos para dejar de tener un sistema de identidad hiperactivo que genera ruido mental y tensión corporal. De ese modo, podrás enfrentarte a la situación con un cuerpo más relajado y una mente más dispuesta.

DÍA DOS **FECHA:** ____________________

La presencia de un cuerpo tenso y de una mente ruidosa son indicadores de incumplimiento de alguno de los requisitos del sistema de identidad. Este ejercicio aumenta la conciencia de tus requisitos y apela luego a las prácticas de conciencia de la conexión corpomental y etiquetado de los pensamientos para reducir la actividad de tu sistema de identidad. El reconocimiento de los requisitos es otra herramienta clave para restablecer la conexión entre la mente y el cuerpo, lo que proporciona una visión más clara de la situación.

Un veterano de 22 años de la guerra de Irak esperaba, en una oficina del gobierno, su turno para informarse de los beneficios a los que, en su calidad de veterano, tenía derecho. Diez minutos después de haber llegado, sin embargo, empezó a ponerse nervioso y, cinco minutos más tarde, se levantó y abandonó la sala de espera con cajas destempladas. Entonces se dio cuenta de que su tensión se derivaba de la idea «¡Poco le importo yo a la administración de veteranos!». Y luego reconoció que lo que le molestaba era el proceso de solicitar beneficios. Afortunadamente, este veterano entró en un grupo centrado en la conexión corpomental que le permitió identificar sus requisitos («la administración de veteranos debería preocuparse de mí») y aumentar su conciencia de la conexión existente entre mente y cuerpo. Varias semanas después, decidió regresar a la oficina en cuestión y, después de pedir turno y esperar diez minutos, se dio cuenta de que su pecho se tensaba, sus puños se apretaban y sus pensamientos empezaban a agitarse, algo que reconoció como un indicio claro de activación de su sistema de identidad. Entonces recurrió a sus recién aprendidas prácticas de conciencia de la conexión corpomental, sintió la presión de su cuerpo en el asiento y el contacto de las plantas de sus pies en el suelo y escuchó el ruido sordo del motor del aire acondicionado, lo que le permitió relajarse hasta darse cuenta del requisito de su sistema de identidad que, en ese caso, era «no deberían hacerme esperar». Cuando, pasados diez minutos, le llamaron, pudo finalmente informarse de los beneficios a los que tenía derecho. ¿Significa eso que estaba curado de sus síntomas? ¡No! Pero sí que estaba desarrollando las herramientas que le permitirían mejorar considerablemente su calidad de vida. Como recientemente ha dicho: «Estoy empezando a darme cuenta de que, aunque todo el mundo pueda poner a prueba mi resistencia, mi sistema de identidad es el único que puede sacarme de mis casillas».

Permanece atento, durante el día, a tus requisitos. Advierte los indicadores más tempranos de activación de tu sistema de identidad. Tal vez, por ejemplo, levantes los hombros, tenses los dedos de los pies, te sientas desbordado, te aferres con todas tus fuerzas al palo de golf, sientas dolor en el cuello, dejes de escuchar el sonido del ventilador o te desplomes en la silla. Y una vez que adviertes tal signo, puedes descubrir el requisito que activa tu sistema de identidad, lo que te proporciona un mayor control sobre lo que te molesta. Recuerda que no es la conducta de la otra persona la que pone en marcha tu sistema de identidad, sino tus propios requisitos.

Enumera a continuación los requisitos que hayas observado en el día de hoy y lo que ha sucedido cuando has utilizado las prácticas de establecimiento de la conexión corpomental y de etiquetado de los pensamientos.

1. Enumera los requisitos que hayas observado el día de hoy:

2. ¿Te proporcionan, cuando las utilizas, un mayor control las prácticas de conciencia de la conexión corpomental y de etiquetado de los pensamientos? ¿Qué es lo que, en tal caso, ha sucedido?

DÍA TRES **FECHA:** ____________________

Un *desencadenante* es un evento o pensamiento que, al no satisfacer un requisito, activa, a su vez, nuestro sistema de identidad. Los *únicos* eventos o pensamientos que podemos considerar desencadenantes son aquellos que incumplen un determinado requisito. Por más que tenga dos caras, una moneda sigue siendo la misma moneda. Algo parecido sucede con los desencadenantes y los requisitos. Date cuenta pues, cuando cobras conciencia de un desencadenante, del requisito al que alude (es decir, de la otra cara de la moneda). No olvides que no es el evento el que moviliza el sistema de identidad, sino tu requisito al respecto.

1. Observa todo aquello que ha movilizado, hoy en día, tu sistema de identidad y enumera las conductas o eventos y sus correspondientes tensiones corporales.

Conducta o evento desencadenante	Tensión corporal y su localización
Ejemplo 1: Una persona que conducía a 30 km/h en una zona limitada a 50	*Mandíbula tensa y puños apretados*
Ejemplo 2: Lo hice mal	*Presión en el pecho y movimientos nerviosos de los pies*

La tensión corporal es una *señal* de activación del sistema de identidad. Anota a continuación los pensamientos e historias que, sobre la conducta o el evento desencadenante, se te ocurran.

2. Elabora un mapa de los desencadenantes anotando todo lo que pone en marcha tu sistema de identidad, el modo en que los demás se comportan o las exigencias que te impones a ti mismo (como, por ejemplo, «Terry rompió su promesa», «lo hice mal» o «Ann no me respeta»).

DESENCADENANTES

3. Toma nota, en tu mapa de desencadenantes, de las tensiones corporales, los desencadenantes y los requisitos correspondientes. Este mapa de tu cuerpomente no tiene que ver con la conducta de otra persona, sino con los requisitos de *tu* sistema de identidad. Recuerda que los desencadenantes ponen de relieve cuáles son tus requisitos.

Tensión corporal	**Desencadenante**	**Requisitos**
Hombros tensos	*Terry rompió su promesa*	*Terry no debería haber roto su promesa*

¿Cuántos requisitos has identificado?

DÍA CUATRO **FECHA:** ____________________

1. Es muy útil, cuando resulta difícil descubrir los requisitos subyacentes, hacer un mapa del tipo «¿Qué hay en mi mente?». Tómate ahora un par de minutos para anotar, en torno a la siguiente figura, todo lo que acuda a tu mente. Escribe rápidamente y sin censurar los pensamientos que, al respecto, se te ocurran.

¿QUÉ HAY EN MI MENTE?

a. ¿Está tu mente ruidosa o en silencio?

b. ¿Está tu cuerpo tenso o relajado? Describe tu tensión corporal:

Esta instantánea refleja lo que ahora está ocurriendo en tu mente. Cobra conciencia de la estrecha relación existente entre tus pensamientos y tu cuerpo (como, por ejemplo, «mi vida se arruinó cuando me violaron», «la explosión de la bomba destruyó mi vida» o «tengo que llevar el coche al taller»). Reconoce los requisitos que subyacen a cada uno de esos ítems («no tendrían que haberme violado», «no debería haber sufrido ningún daño» o «mi coche no debería haberse averiado»).

c. ¿Cuáles son tus requisitos?

2. Haz de nuevo el mismo mapa empleando, en esta ocasión, las prácticas de conciencia de la conexión corpomental. Escucha, antes de empezar a escribir, los sonidos procedentes del entorno, siente la presión de tu cuerpo en el asiento, el apoyo de los pies en el suelo y el bolígrafo que sostienes en la mano. Sigue sujetando, una vez centrado, el bolígrafo en la mano y empieza a escribir. Observa el rastro dejado por la tinta sobre el papel y escucha los sonidos del entorno. Toma nota, durante los siguientes minutos, de cualquier pensamiento que cruce por tu mente.

¿QUÉ HAY EN MI MENTE?

Observa las diferencias existentes entre ambos mapas:

No olvides la utilidad que tiene el hecho de etiquetar los pensamientos. Si, por ejemplo, has pensado «he desperdiciado mi vida», dite «he tenido el pensamiento de que "he desperdiciado mi vida"». Porque lo que está arruinando aquí y ahora tu vida no es la bomba (ni el abuso), sino los pensamientos que, sobre la bomba (o el abuso), haya puesto en marcha tu sistema de identidad. No debes, por tanto, corregir tus pensamientos, reprimirlos ni empeñarte en cambiarlos. Sé consciente, durante el día, de que ese pensamiento no es más que un pensamiento y vuelve luego a prestar atención a la tarea que estés llevando a cabo.

La conexión corpomental es una práctica continua. Las prácticas de conciencia de dicha conexión (en las que utilizas los sentidos) y de etiquetado de los pensamientos desarrollan tu capacidad de vivir cada aspecto de tu vida con un sistema de identidad tranquilo (yo verdadero). Lo único que debes reconocer es *quién* está viviendo tu vida, tu sistema de identidad o tu yo verdadero.

DÍA CINCO **FECHA:** ____________________

1. Sé consciente, a lo largo de todo el día, de tu tensión corporal. Por más que el sistema de identidad genere tensión corporal y obstaculice tu vida, no es un enemigo, sino un amigo que te proporciona información muy importante. El reconocimiento de los primeros signos de tensión corporal te permite advertir que estás encaminándote en una dirección equivocada. Utiliza esa información como si de una brújula se tratara (Figura 2.1). Cuando te des cuenta de la activación del sistema de identidad y utilices las herramientas de conexión corpomental para aquietar la conmoción que provoca, acaba convirtiéndose en tu amigo. *En tal caso, estás familiarizándote con tu sistema de identidad.*

a. ¿Qué es lo que sucede cuando utilizas tu tensión corporal como brújula?

b. ¿Qué es lo que sucede cuando eres *incapaz* de utilizar tus tensiones corporales como brújula?

c. ¿Te ayuda esta brújula a descubrir tus requisitos? ¿De qué modo?

La tensión corporal y una mente saturada de pensamientos son indicadores claros de que el asiento del conductor está ocupado, en ese momento, por tu sistema de identidad. Si quieres aquietar tu sistema de identidad, debes darte cuenta de que no son las situaciones, sino tus requisitos, los que generan los problemas. Escucha los sonidos procedentes del entorno, date cuenta de lo que estés tocando y reorienta finalmente tu atención hacia lo que estabas haciendo.

Dolor de cabeza   Dolor muscular

Tensión   Contracción

Sistema de Identidad

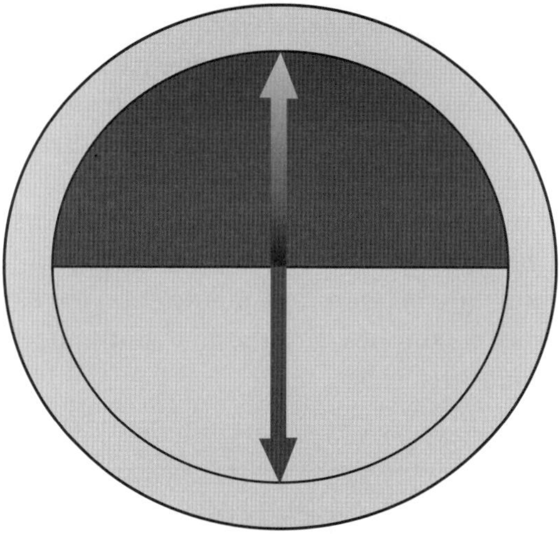

Familiarizarse con el sistema de identidad

Cabeza clara   Tranquilo

Flexible   Relajado

Figura 2.1 Brújula de la sensación corporal

La brújula interna del pájaro migratorio le avisa de las ocasiones en que, durante su vuelta a casa en primavera, se desvía de su camino. También tú, cuando te familiarizas con tu sistema de identidad, puedes emplearlo como una brújula que te permite saber que estás alejándote de tu camino. Tu conciencia es todo lo que necesitas porque, cuando tu sistema de identidad se sosiega, tu funcionamiento natural te permite moverte a través de tus actividades cotidianas y enfrentarte de manera adecuada prácticamente a cualquier crisis.

2. Elabora un mapa del problema. Tal vez te preguntes «¿Por qué, si la semana pasada, hice un mapa del problema, tengo que hacer ahora otro?». ¡Ésa es una gran pregunta! Pero lo cierto es que ayer era ayer y hoy es hoy, dos días diferentes, con diferentes problemas y a los que, en consecuencia, les corresponden también mapas diferentes. El mapa te permite comprender lo que está ocurriendo aquí y ahora, de modo que cada mapa es un viaje de autodescubrimiento. El mapa es una herramienta de conexión corpomental muy importante que puedes utilizar para reconocer tus requisitos y aquietar tu sistema de identidad. Empieza, pues.

   Escribe un problema normal en el centro de la siguiente figura. Tómate luego un par de minutos para anotar, en torno a ella, los pensamientos que acudan a tu mente. Escribe rápidamente, sin censurar tus anotaciones. Enumera a continuación las tensiones corporales que adviertas.

MAPA DEL PROBLEMA

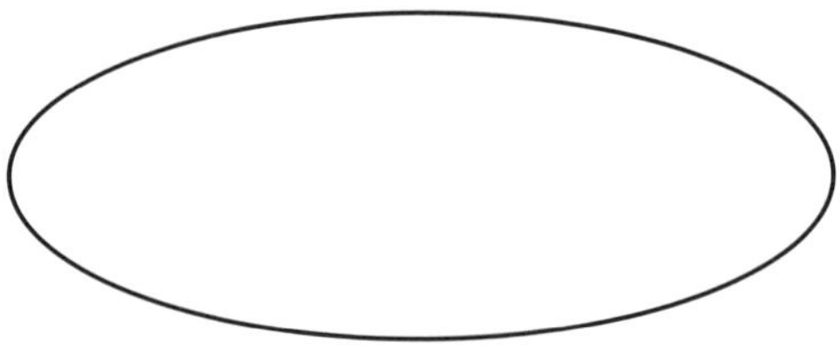

Tensión corporal:

____

____

Una mujer que padecía TEPT y alcoholismo hizo, durante una sesión grupal, un mapa del problema. Al día siguiente tenía su tercer juicio por conducir bajo los efectos del alcohol. Sólo había anotado, en su mapa, unos pocos ítems. Pero, aunque uno de los pensamientos era «mañana tengo un juicio», ese pensamiento no parecía ir acompañado de ninguna tensión corporal. Dijo sentirse desapegada y aturdida pero, en el momento en que el grupo le preguntó lo que podría ocurrir en el juicio, su cuerpo se tensó y sus ojos se humedecieron, lo que evidenciaba la presencia de un requisito subyacente. Otro mapa adicional del problema contribuyó a que cobrase conciencia de su requisito principal: «El juez debería ser indulgente».

¿Qué dice tu mapa con respecto al modo en que estás abordando tu problema?

a. ¿Está tu mente ruidosa o silenciosa?

____

b. ¿Está tu cuerpo tenso o relajado?

____

c. ¿Cuáles son tus requisitos?

____

____

____

____

____

____

____

____

Si tu mapa apenas presenta signos de activación de tu sistema de identidad, quizás no tengas ningún requisito… aunque eso es, en este estadio de la práctica, algo muy improbable. Es mucho más probable que tu sistema de identidad te esté desconectando y alejando de tus sensaciones corporales normales.

Conviene, para poner de relieve cuál es tu caso, coger una hoja en blanco y hacer un mapa. Coloca, en el centro de la figura, un pensamiento importante como, por ejemplo, «mañana tengo un juicio», que no vaya acompañado de ninguna tensión corporal. Observa luego, durante tres o cuatro minutos, los pensamientos que evoca y anótalos en torno a la figura.

En muchas ocasiones, tu cuerpo se tensará, lo que te ayudará a descubrir el requisito subyacente. Es la ignorancia de tu requisito («el juez debería ser indulgente») la que mantiene activo tu sistema de identidad. La clave para despertar a tu cuerpo y curarte consiste en reconocer tus requisitos. No tienes que forzarte a sentir absolutamente nada. Tu funcionamiento natural permitirá que el proceso discurra amable y poderosamente.

3. Elabora, utilizando el mismo problema, otro mapa pero apelando, en esta ocasión, a las prácticas de conciencia de la conexión corpomental. Anota el problema en el interior de la figura. Luego escucha, antes de empezar a escribir, todos los sonidos procedentes del entorno que te rodea, siente la presión de su cuerpo sobre el asiento, siente el apoyo de las plantas de los pies sobre el suelo y siente el bolígrafo que sostienes en la mano. Y, una vez que te hayas asentado, siente el bolígrafo entre los dedos y empieza a escribir. Observa el rastro dejado por la tinta sobre el papel y escucha los sonidos del entorno.

MAPA DEL PROBLEMA EMPLEANDO
LA CONEXIÓN CORPOMENTAL

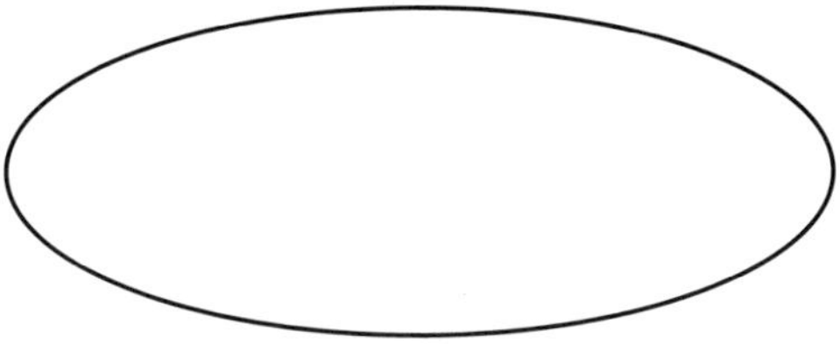

a. ¿Está tu mente ruidosa o silenciosa?

b. ¿Está tu cuerpo tenso o relajado?

c. Observa las diferencias existentes entre ambos mapas

   i. ¿Ves más claramente tu problema? Sí ______ No ______

   ii. ¿Cómo abordarías el problema, desde este estado corpomental?

   iii. ¿Reconoces, desde este estado corpomental, la capacidad de curarte a ti mismo? Sí ______ No ______

DÍA SEIS **FECHA:** ____________________

1. Observa cómo discurre el día. ¿De qué manera se manifiestan los resultados de tu conexión corpomental?

____

____

____

____

____

____

Enumera cualquier situación en que tu conexión corpomental no funcione. Sé concreto y observa si puedes reconocer los requisitos responsables de tu malestar.

Áreas problemáticas	Requisitos

2. Elabora un mapa del problema. Empieza eligiendo el más acuciante de los problemas enumerados en la lista anterior y consígnalo en el centro de la figura adjunta. Dedica luego un par de minutos a anotar, en torno a la figura, todos los pensamientos que acudan a tu mente. Hazlo rápidamente y sin censura. Son centenares los pensamientos que la mente produce cada minuto de modo que, cuanto más abierto estés al modo en que opera tu mente, mayor será tu comprensión. Pensamientos como «este ejercicio es una tontería», «este libro no me ayudará» y «ahora sé lo suficiente como para limitarme a hacer un mapa mental» son, en este sentido, perfectos. Describe luego las tensiones corporales que adviertas.

MAPA DEL PROBLEMA

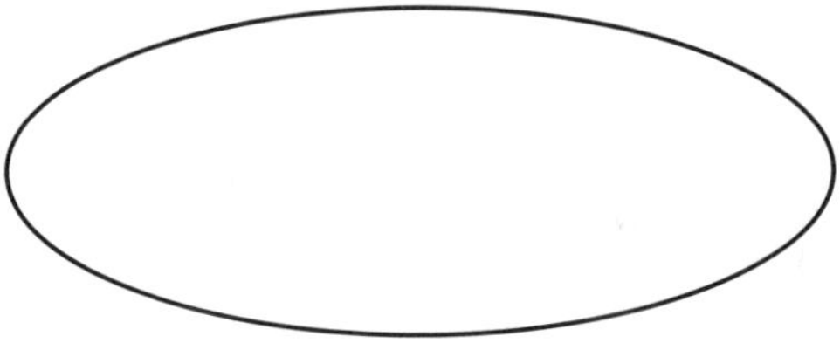

Tensión corporal:

____

____

a. ¿Está tu mente ruidosa o silenciosa?

____

b. ¿Está tu cuerpo tenso o relajado?

____

c. ¿Limitan, las tensiones corporales y los ruidos mentales de tu mapa, la capacidad de curarte a ti mismo? Sí _____ No _____

d. ¿Qué requisitos reconoces en este mapa?

____

____

3. Haz de nuevo el mismo mapa pero empleando, en esta ocasión, tus prácticas de conciencia de la conexión corpomental. Anota el problema en el centro de la figura pero escucha, antes de empezar, los sonidos procedentes del entorno, siente la presión de tu cuerpo en el asiento, siente el apoyo de la planta de los pies en el suelo y siente el bolígrafo que sostienes en la mano. Y, una vez que te hayas asentado, empieza a escribir sin dejar, por ello, de sentir el bolígrafo que sostienes entre los dedos. Finalmente observa el rastro dejado por la tinta sobre el papel mientras escuchas los sonidos procedentes del entorno.

MAPA DEL PROBLEMA CON CONEXIÓN CORPOMENTAL

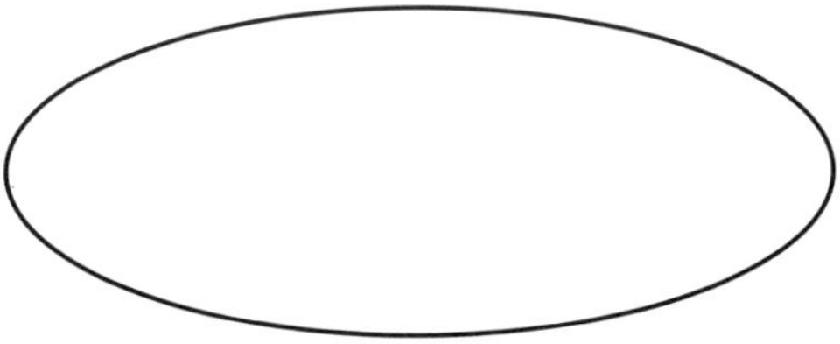

a. ¿Está tu mente ruidosa o silenciosa?

____

b. ¿Está tu cuerpo tenso o relajado?

____

c. Observa las diferencias existentes entre ambos mapas

   i. ¿Ves ahora más claramente el problema? Sí ______ No ______

   ii. ¿Cómo te enfrentarías, desde este estado corpomental, al problema?

____

____

d. ¿Reconoces, en este estado corpomental, la capacidad de curarte a ti mismo? Sí ______ No ______

DÍA SIETE **FECHA:** ____________________

Una mujer de treinta años de edad, que padecía de un TEPT provocado por repetidos abusos sexuales infantiles, comentó sus avances, al grupo de mujeres del que formaba parte, con las siguientes palabras: «Mis mapas de problemas contenían frases como "la bebida de mi hijo adolescente", "las facturas que me quedan por pagar" y "mi insoportable jefe". Yo creí que eran esas cosas las que estaban causándome problemas. Cuando hice de nuevo los mapas apelando a la conciencia de la conexión entre la mente y el cuerpo me di cuenta, sin embargo, de que mi malestar no se debía tanto a mis *problemas*, como a mis *requisitos* al respecto. El mapa de la conexión me permitió vislumbrar la persona que realmente soy. Y, cuando empecé a advertir los árboles del jardín, el color azul de las paredes y el frescor del aire en mi rostro, me di cuenta de que mis días serían también más sencillos». Luego vaciló y, después de pedir permiso al grupo para hacer un comentario de índole personal, añadió: «Solía acceder a tener relaciones sexuales con mi marido porque es una buena persona. Pero debo deciros que ayer tuve, con él, mi primer orgasmo», un comentario que desató el llanto de todas las presentes.

La práctica de establecimiento de puentes entre la mente y el cuerpo consta de dos partes. La primera consiste en ejercitar la conciencia de la conexión corpomental y el etiquetado de los pensamientos. La segunda consiste en familiarizarte con nuestro sistema de identidad utilizando herramientas como hacer un mapa de los problemas, reconocer los requisitos y acabar desactivándolos.

Empieza a utilizar las prácticas corpomentales en tu vida cotidiana.

1. ¿Qué ha sucedido?

____

____

____

____

2. ¿Qué requisitos reconoces?

3. ¿De qué forma te ayuda la práctica a unificar el cuerpomente?

ESCALA CMC DE EVALUACIÓN SEMANAL
MEJORA TU VIDA COTIDIANA REDUCIENDO TU TENSIÓN

Fecha: ____________________

¿Cómo ha funcionado, durante la pasada semana, tu práctica? Escoge, de entre las siguientes, la valoración que más se adapte a tu caso (casi nunca, ocasionalmente, habitualmente o casi siempre).

¿Con qué frecuencia...	Casi nunca	Ocasionalmente	Habitualmente	Casi siempre
ubicas y reconoces las sensaciones corporales como indicadores de la presencia de un sistema de identidad hiperactivo?				
reconoces los efectos destructivos que, en tu vida, tiene el sistema de identidad?				
reconoces la existencia, bajo el problema, de un sistema de identidad hiperactivo?				
reconoces tus requisitos?				
te descubres huyendo del momento presente?				
utilizas las prácticas de conciencia corpomental para aquietar tu sistema de identidad y mejorar tu calidad de vida?				
contemplas la vida desde una perspectiva diferente?				
elaboras diariamente un mapa de conexión corpomental?				

1. ¿Qué aspecto tienen las cosas cuando tu sistema de identidad está hiperactivo?

____

____

2. ¿Qué aspecto tienen las cosas cuando estás conectado y tu sistema de identidad en reposo?

____

____

3. ¿Qué beneficio te proporciona la elaboración de mapas de conexión corpomental?

____

____

3

ROMPE LA TIRANÍA DE LOS PENSAMIENTOS NEGATIVOS

Los TEPT están saturados de pensamientos recurrentes, perturbadores e inquietantes, muchos de los cuales acaban convirtiéndose en *creencias negativas sobre uno mismo*. ¿Sabías que, desde el punto de vista de la neurociencia, un pensamiento no es más que una secreción, una gotita de un producto químico vertida en el punto en el que conectan dos células cerebrales (sinapsis)? ¿Sabías que los psicólogos y otros estudiosos de la mente denominan, en ocasiones, hechos mentales a los pensamientos? Estos *hechos mentales* se organizan, almacenan y emplean, para adaptarse a cualquier situación, cuando es necesario. El sistema de identidad captura ciertos pensamientos y se queda luego atrapado en ellos. Esto mantiene «activado» al sistema de identidad y «desactivado» al yo verdadero. Y, como la curación depende del yo verdadero no podremos, mientras el sistema de identidad esté a cargo de la situación, curarnos, algo que nos deja tan heridos como desalentados. Las prácticas de establecimiento de conexiones entre la mente y el cuerpo aquietan el sistema de identidad, permitiendo el restablecimiento de nuestra capacidad autocurativa.

¿Qué podemos hacer con estos pensamientos recurrentes, perturbadores e inquietantes? Ya sabes que el intento de desembarazarte de ellos no hace sino fortalecerlos. ¿Qué es lo que ocurre, por ejemplo, cuando tratas de no pensar en un globo rojo? ¿En qué piensas entonces? ¡En un globo rojo! Son muchos los libros que insisten en el empleo de afirmaciones positivas para enfrentarnos a los pensamientos negativos. Todos hemos tratado de enfrentarnos a este tipo de situaciones con afirmaciones positivas, pero lo cierto es que, apenas dejamos de hacerlo, los pensamientos negativos regresan... ¡con más fuerza, si cabe, todavía! ¿Qué es, pues, lo que podemos hacer con los pensamientos negativos perturbadores?

Empecemos observando el modo en que funciona nuestra mente. Basta con pensar en «alto» para que, en nuestra mente, aparezca «bajo», si pensamos «bueno» debe haber algo «malo» y lo mismo ocurre con «feliz» y «triste», «enfermo» y «sano» y «joven» y «viejo». La mente, pues, trabaja con pensamientos positivos y con pensamientos negativos. El único momento en que podemos desembarazarnos de los pensamientos negativos es cuando nuestro cerebro muere. Sólo entonces el médico podrá decir con propiedad, al observar el achatamiento de las curvas de nuestro electroencefalograma: «¡Ahora se ha desembarazado realmente de los pensamientos negativos!». Veamos ahora, con toda esta información, si podemos encontrar la respuesta correcta a nuestra pregunta.

El funcionamiento natural del yo verdadero establece, armoniza y equilibra ambos polos del pensamiento. Estar enfermo y estar sano son dos estados del cuerpomente a los que el yo verdadero se enfrenta adecuadamente. El sistema de identidad, sin embargo, se enfrenta a las cosas de un modo completamente diferente. El sistema de identidad tiene un aspecto (subsistema) llamado *depresor*, que funciona apropiándose de los pensamientos y diálogos internos (es decir, de las cosas que te dices a ti mismo) y generando tensión corporal y ruido mental. Toma, por ejemplo, un pensamiento negativo como «soy un perdedor», «no puedo hacerlo», «nunca más seré la misma persona» «soy un inútil» o «estoy sucio» y elabora con él una historia que impregne de negatividad todas y cada una de las células de tu cuerpo. ¡En tal caso, no sólo te verás como alguien incompleto, herido o roto, sino que tendrás también una historia para demostrarlo! Este estado es lo que se conoce con el nombre de *yo dañado*.

Así es como la pregunta original «¿qué tengo que hacer con mis pensamientos negativos?» se convierte en «¿qué tengo que hacer con mi depresor?». Esto es precisamente lo que veremos en el presente capítulo.

DÍA UNO **FECHA:** ____________________

El depresor es la faceta más pesimista de tu sistema de identidad que utiliza la charla negativa contigo mismo para reforzar al yo herido. Hoy empezarás a reconocer tu diálogo interno negativo.

1. Atiende y anota los diálogos negativos que, durante el día de hoy, hayas mantenido contigo mismo. Toma nota asimismo, de la naturaleza (punzante, acalambrada, dolorosa, pesada o tensa), ubicación e intensidad de cualquier tensión corporal que les acompañe.

Diálogo negativo contigo mismo	Tensión corporal

2. Elabora un mapa del depresor. Toma nota, en torno a la figura que presentamos a continuación, de los pensamientos y diálogos negativos que tengas mientras estés ocioso. (Tal vez pueda, en este sentido, servirte de ilustración el mapa que presentamos en la siguiente página.) Escribe luego, durante un par de minutos, todo lo que al respecto se te ocurra y enumera finalmente las diferentes tensiones corporales que adviertas.

Tensión corporal:

¿Cuál es tu conducta cuando el depresor está activo?

Los pensamientos que acabas de anotar son pensamientos naturales que son casualmente negativos. El depresor funciona aferrándose a un pensamiento negativo e impregna de negatividad todo nuestro cuerpo. El malestar resultante que experimentamos desencadena el círculo vicioso de nuevos pensamientos negativos, lo que acaba creando una pesada carga que afecta al modo en que vivimos nuestra vida. Reconocer el modo en que funciona el depresor puede ayudarte a romper ese círculo vicioso.

MAPA DE MUESTRA DEL DEPRESOR

Tensión corporal:

Mandíbula apretada, hombros tensos, ruidos en el estómago, dolor en el cuello y pesadez corporal

3. Veamos ahora cómo funciona el depresor. Vuelve al mapa que has hecho en el paso 2 y elige el pensamiento que más tensión y malestar te generaba (como, por ejemplo, «mi vida es inútil» o «no puedo hacer nada bien») y consígnalo en el interior de la siguiente figura. Anota luego, a su alrededor, todos los pensamientos que acudan a tu mente. Utiliza frases o sentencias completas como «no puedo mantener un trabajo» o «antes lo hacía mejor». Enumera luego las tensiones corporales que adviertas.

PENSAMIENTOS PERTURBADORES DE MI MAPA DEPRESOR

Tensión corporal:

El mapa que acabas de hacer contiene la llave que controla el funcionamiento de tu depresor. Todos los pensamientos de tu mapa giran en torno a las historias (verdaderas o falsas) elaboradas por tu sistema de identidad. Piensa en las historias, asociadas a tus pensamientos negativos, que acuden a tu mente. Se denominan *guiones*. Es muy importante reconocerlos y cobrar conciencia de su poder. Los guiones son el vínculo existente entre los pensamientos negativos que afloran en tu mente y el malestar corpomental que has experimentado en los dos últimos mapas. Los guiones que giran en torno al sistema de identidad se aferran a un pensamiento negativo natural e impregnan de negatividad, a través de la conexión corpomental, todas las células de tu cuerpo. Los guiones mantienen el funcionamiento del sistema de identidad, alejándote del momento presente e impidiéndote vivir del mejor modo posible. En ausencia de estos guiones depresores, los pensamientos negativos no provocarían ningún malestar.

Frank perdió la pierna izquierda en Irak, pero lleva una prótesis que funciona bastante bien. A menudo, al despertar por la mañana pensaba «soy un mutilado» y luego se contaba historias negativas sobre lo que ahora no puede hacer, sobre su malestar, el problema, etcétera. De ese modo, cuando llegaba el momento de ir al baño, su mente y su cuerpo estaban ya muy afectados. Culpaba a su herida de guerra de todos sus problemas y elaboraba guiones y más guiones sobre su incapacidad para vivir la vida como lo hacía antes de la guerra. Pocas semanas después de empezar un grupo de conexión corpomental, dijo: «A veces todavía me despierto con el pensamiento de que "soy un mutilado", pero ahora me digo "estoy teniendo el pensamiento de que 'soy un mutilado'"... algo ha cambiado. Luego voy al baño y, si empiezo a elaborar una historia, cobro conciencia del sonido del ventilador, de la presión de mis pies sobre el suelo y de mis movimientos corporales. Y el resultado de todo ello es que, cuando salgo del baño, la tensión y el resentimiento se han esfumado. Ni siquiera debo contarme una historia positiva sobre el hecho de ser un superviviente. He descubierto que no era mi trauma de guerra el que me incapacitaba, sino las historias que, al respecto, me contaba. Mi depresor me hacía sentir mal inundando de negatividad mi cuerpo y mi mente. Y aunque no, por ello, deje de tener una sola pierna, lo cierto es que ¡ya no me siento herido!».

Otra herramienta muy poderosa es la *conciencia del guión*. No necesitamos poner fin al guión, lo único que necesitamos es cobrar conciencia de él. La conciencia diluye la narración. Te proponemos, para ello, el siguiente ejercicio: Empieza a contarte una de tus historias más poderosas y trata de mantenerla en tu mente. Cobra conciencia, al mismo tiempo, de los sonidos procedentes del entorno y observa el modo en que la narración se despliega. ¿No te parece que pierde fuerza? ¿No ves lo poderosa que es tu conciencia? ¿Qué es lo que ahora adviertes?

____

____

____

____

Observa de nuevo los ítems que has anotado en tu mapa del depresor y considéralos aisladamente. Mira si puedes advertir la presencia de guiones adicionales. Elaborados por tu sistema de identidad, los guiones no son meras historias, sino que tienen un efecto físico directo sobre nuestro cuerpo y tratan de crear nuestra realidad. Utilizando la herramienta que te permite ser consciente de tus guiones durante el día, podrás ver cómo afloran muchos de ellos a la superficie. Son centenares los pacientes que nos han enviado comentarios sobre los resultados de esta práctica afirmando cosas tales como «ya no postergo tanto las cosas», «ahora me parece que el reloj se mueve más despacio» y «hago más cosas y tengo también más tiempo para mí».

¿Qué es lo que adviertes?

___

___

___

___

DÍA DOS **FECHA:** ____________________

1. Percibe, a lo largo del día, los momentos en que la actividad de tu depresor disminuya. Observa tus tensiones corporales, tus guiones y tus conductas. Advierte cómo tus depresores interfieren con tu funcionamiento natural y te hacen sentir dañado.

a. ¿Cómo reconoces la activación de tus depresores? Ejemplo: *Pesadez corporal, sensación de tensión en el estómago, pensamiento de que no soy bueno*

____

b. ¿Cómo es tu conducta? Ejemplo: *Irritable, quiero alejarme de la gente, como más de lo que debo*

____

c. ¿De qué manera interfiere con tu funcionamiento natural? Ejemplo: *No tomo buenas decisiones, soy un padre perezoso*

____

d. ¿Te sientes dañado? Sí ______ No ______ ¿Y, en el caso de que tu respuesta sea positiva, de qué modo?

____

e. ¿Cuáles han sido los guiones de hoy? Ejemplo: *Pensamiento: mi vida es demasiado difícil. Guión: no puedo hacer las cosas, no soy la persona que debería ser, ¿por qué me sucede esto a mí? Estoy demasiado cansado para hacer frente al día que me aguarda…*

____

f. ¿De qué manera contribuyen esos pensamientos y guiones a crear la persona que eres?

____

____

____

2. Haz un mapa del depresor. Anota, en torno a la figura adjunta, los diálogos negativos que mantienes contigo mismo. Dedica seguidamente un par de minutos a tomar nota por escrito de todo lo que, al respecto, se te ocurra. Anota luego las tensiones corporales.

Tensión corporal:

¿Has tenido pensamientos del tipo «¿soy un perdedor?». Recuerda que el hecho de etiquetar tus pensamientos te permite ver que un pensamiento no es más que un pensamiento, lo que impide que sigas identificándote con su contenido. En lugar de pensar «soy un perdedor», dite «estoy pensando que "soy un perdedor"». ¿Te das cuenta de que tu problema no es el contenido de tus pensamientos, sino que el depresor captura ese pensamiento y elabora, en torno a él, un guión que impregna de negatividad tu cuerpo y tu mente? Cuando tu conciencia impida que el depresor llene tu cuerpo con la negatividad de tus pensamientos estarás *familiarizándote con tu depresor.*

Observaciones:

DÍA TRES **FECHA:** ____________________

1. Toma nota, durante todo el día, de las situaciones (como estar solo, discutir o cometer errores) y pensamientos que desencadenen la activación de tu depresor. Utiliza, para ello, las herramientas con las que cuentas, el etiquetado de los pensamientos, la conciencia del guión y las prácticas que, apelando a tus sentidos, te permiten cobrar conciencia de la conexión entre tu mente y tu cuerpo. ¿Puedes desactivar a tu depresor y regresar a lo que estabas haciendo?

a. ¿Qué podrías decir de las situaciones y pensamientos que han activado a tu depresor?

____

____

____

____

____

____

____

b. ¿En qué situaciones apelas a tus herramientas de conexión corpomental? ¿Cómo funcionan?

____

____

____

____

____

____

____

2. Vamos a hacer un mapa utilizando un espejo. Busca un lugar tranquilo y colócate frente a un espejo. Mira el espejo, antes de empezar a escribir, durante un minuto. Anota luego, en torno a la figura adjunta, cualquier pensamiento y sentimiento que, sobre lo que ves, hayas tenido. Vuelve a mirar el espejo las veces que haga falta y sigue anotando todo lo que aparezca en tu mente.

Tensión corporal:

____

____

a. ¿Está tu sistema de identidad activo? Sí ______ No ______

b. ¿Reconoces tu depresor? Sí ______ No ______

c. ¿Cuáles son tus guiones?

____

____

d. ¿Reconoces que la actividad del depresor está convirtiendo a la experiencia de tu cuerpo en un enemigo y haciéndote sentir herido? Sí ______ No ______

e. ¿Cuáles son tus requisitos?

____

____

____

3. Haz otro mapa-espejo utilizando, en esta ocasión, tus prácticas de conciencia de la conexión corpomental. Escucha, antes de empezar a escribir, los sonidos procedentes del entorno, siente la presión de tu cuerpo en el asiento, el apoyo de la planta de los pies sobre el suelo y el contacto del bolígrafo que sostienes entre los dedos de la mano. Observa el espejo y sigue escuchando los sonidos procedentes del entorno. Y anota en torno a la figura adjunta, una vez que te hayas asentado, los pensamientos que afloren en tu mente. Sigue escuchando los sonidos del entorno y sintiendo el bolígrafo que sostienes entre los dedos de la mano. Observa el rastro que deja la tinta sobre el papel.

a. ¿En qué sentido difiere este mapa-espejo del primero que hiciste?

b. ¿Adviertes los mismos rasgos faciales en ambos mapas?
Sí ______ No ______

c. ¿Has llegado, apelando a las prácticas de conciencia de la conexión corpomental, a un nuevo nivel de aceptación de ti mismo?
Sí ______ No ______

DÍA CUATRO **FECHA:** ____________________

Haz un mapa de «¿Cómo he llegado a ser como soy?». Escribe, en torno a la figura adjunta, el modo en que has llegado a ser como eres (por ejemplo, «mi padre nunca estaba presente», «sobreviví a reiterados abusos», «mamá siempre estaba de mi parte»). Sigue escribiendo durante tres o cuatro minutos todo lo que, al respecto, se te ocurra. Enumera luego las tensiones corporales. Observa, a modo de ilustración, el ejemplo que presentamos a continuación.

¿CÓMO HE LLEGADO
A SER COMO SOY?

Tensión corporal:

a. ¿Qué guiones discurren a través de tu mapa?

b. Describe a continuación cómo y cuándo sueles apelar a estos guiones... cuándo, por ejemplo, te sientes exitoso o fracasado, cuándo te sientes triste o feliz o cuándo estás aburrido u ocupado.

Cada vez que nuestro sistema de identidad elabora una narración, esa misma historia nos impide vivir en el presente. Los guiones, independientemente de su contenido, tensan tu cuerpo, estrechan tu conciencia y obstaculizan tu funcionamiento natural. Fortalecen, en suma, tu falsa creencia en el yo dañado. Cobrar conciencia de los guiones permite que todo tu sistema de identidad descanse y que puedas empezar a verte automáticamente mucho mejor de lo que creías.

EJEMPLO DE MAPA: ¿CÓMO HE LLEGADO A SER LO QUE SOY?

Crecí en un barrio peligroso

Mamá estaba deprimida

Siempre he sabido, aunque no me lo dijese, que mamá me quería

He aprendido mucho de todos los trabajos que he tenido

Papá nunca estaba presente

¿CÓMO HE LLEGADO A SER LO QUE SOY?

Nunca tiro la toalla

Uno de mis maestros me ayudó a sentirme bien conmigo mismo

Mis amigos siempre me han dado la espalda

Yo estaba bien hasta que…

Crecí en un vecindario problemático

Tensión corporal:

dolor de cabeza y tensión en el cuello

DÍA CINCO **FECHA:** ____________________

Un veterano de combate de 25 años de edad tenía dificultades en hacer estos ejercicios, incluido el mapeo. No entendía el sentido de estas actividades y, lo que todavía es más importante, tampoco creía que sirviesen de mucho. A pesar de ello, todo hay que decirlo, siguió haciendo diariamente mapa tras mapa hasta que, un buen día, exclamó: «¡Ya lo he descubierto!». Y, cuando la persona que llevaba su caso le preguntó qué era lo que había descubierto, contó la siguiente historia:

> Estaba haciendo un mapa sobre la necesidad compulsiva de lavarme las manos. Los ítems de mi mapa inicial eran los siguientes «estoy sucio, soy malo, soy culpable» y «no puedo hacer nada si antes no me lavo». Creo que mi requisito era «debo tener las manos limpias», lo que no me hacía ningún bien. Hice un mapa tras otro hasta que finalmente afloró el verdadero requisito que era «debería haber ayudado a mi hermano cuando esta mañana me dijo que tenía problemas con el coche».
>
> Luego pasó a explicar la siguiente secuencia de acontecimientos:
>
> Mi hermano me llamó diciéndome que el coche no le arrancaba pero, al cabo de diez minutos, le colgué. Poco después empecé a sentir la necesidad de lavarme las manos. No presté mucha atención, porque el impulso no era nuevo. Cuando, poco después, empecé a escribir, afloró el requisito de que «debería haber ayudado a mi hermano a arreglar el coche». Cuando lo vi [el requisito], me sentí liberado de la necesidad de lavarme. El fondo del asunto, pues, *no tenía nada que ver* con sentirme sucio. Ahora, cuando tengo la necesidad de lavarme las manos o me siento incómodo después de hacer un mapa, sonrío porque reconozco la existencia del requisito oculto. Es como descubrir la última pieza de un puzzle. De este modo, el reconocimiento del requisito impide la activación de mi sistema de identidad.

Un mes después, la práctica continua del mapeo le ayudó a descubrir otros requisitos, liberándole de muchos de los síntomas de su TEPT. El primer paso, como ya hemos visto, consiste en reconocer el requisito manifiesto. Luego, haciendo los deberes cotidianos, descubrirás la presencia de otros requisitos que ya no son tan evidentes (requisitos ocultos).

Observa, durante el día, el modo en que tu sistema de identidad entreteje relatos con diálogos tanto positivos como negativos. ¿Cuál era la situación? ¿Te das cuenta de los requisitos ocultos?

Guión	**Situación**	**Requisito**
Nunca encontraré trabajo, problemas económicos, no soy bueno…	*Estoy en el paro*	*Tengo que encontrar trabajo*

Los guiones negativos nos *definen* mientras que los positivos, por su parte, nos *limitan*. Todos los guiones nos orientan hacia el pasado, hacia el futuro o hacia ambos, obstaculizando nuestro libre funcionamiento presente.

DÍA SEIS **FECHA:** ____________________

1. Haz un mapa sobre cualquier problema personal que te moleste. Anota el problema en el interior de la figura adjunta. Dedica luego un par de minutos a escribir, en torno a esa figura, todos los pensamientos que, al respecto, acudan a tu mente. Toma nota rápidamente, sin censurar los pensamientos. Enumera después todas las tensiones corporales que adviertas.

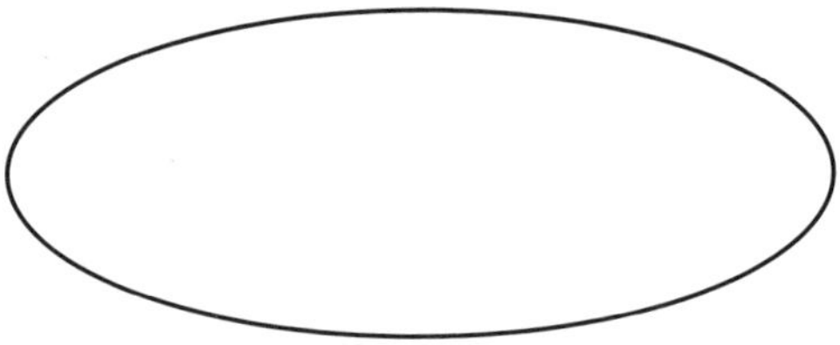

Tensión corporal:

____

____

a. ¿Está tu mente ruidosa o silenciosa?

____

____

b. ¿Está tu cuerpo tenso o relajado?

____

____

c. Enumera tus depresores y guiones:

____

____

d. Enumera tus requisitos:

____

____

e. ¿Cómo actúas desde este estado corpomental?

____

____

2. Haz de nuevo el mapa pero apelando, en esta ocasión, a las prácticas de conexión corpomental. Anota, en el interior de la figura adjunta, el mismo problema. Escucha luego, antes de seguir adelante, los sonidos procedentes del entorno, siente la presión de tu cuerpo en el asiento, siente el apoyo de tus pies sobre el suelo y siente el bolígrafo que sostienes en la mano. Sigue sosteniendo, una vez bien asentado, el bolígrafo y empieza a escribir. Observa el rastro dejado por la tinta sobre el papel sin dejar de escuchar, por ello, los sonidos procedentes del entorno.

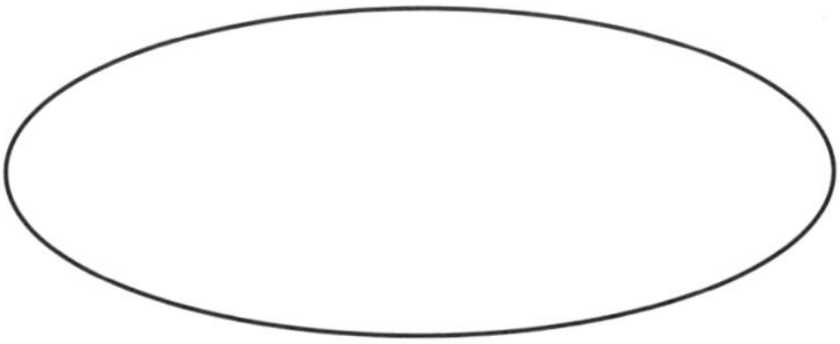

Advierte las diferencias existentes entre ambos mapas:

a. ¿Está tu mente ruidosa o silenciosa?

____

b. ¿Está tu cuerpo tenso o relajado?

____

c. ¿Cómo actúas desde este estado de tu mente y de tu cuerpo?

____

____

____

DÍA SIETE **FECHA:** ____________________

Incluye, en tus actividades, todas las herramientas de conexión corpomental que hayas aprendido hasta ahora:

- Prácticas de conciencia de la conexión corpomental
- Etiquetado de los pensamientos
- Conciencia del guión
- Reconocimiento y desactivación del represor (familiarizándote con él)
- Reconocimiento y desactivación de los requisitos

1. ¿Qué es lo que ha sucedido?

____

____

2. ¿Cómo reconoces la actividad de tu depresor?

____

____

____

3. ¿En qué caso has sido capaz de anticipar la actividad del depresor (es decir, de familiarizarte con él)?

____

____

____

4. ¿Cómo reconoces y desactivas tus requisitos?

____

____

____

5. ¿De qué manera te ayudan, en tu vida cotidiana, las prácticas de conexión corpomental?

Escala CMC de evaluación semanal
Rompe la tiranía de los pensamientos negativos

Fecha: ____________________

¿Cómo te han funcionado, durante la última semana, estas prácticas? Elije la descripción que mejor se ajuste a tu práctica: casi nunca, ocasionalmente, habitualmente o casi siempre.

¿Con qué frecuencia...	Casi nunca	Ocasionalmente	Habitualmente	Casi siempre
reconoces el diálogo negativo contigo mismo y la tensión corporal como indicadores de la presencia del depresor?				
te das cuenta de que tu depresor se ha descontrolado y te hace sentir mal (yo dañado)?				
identificas las sensaciones corporales relacionadas con el depresor?				
experimentas, durante el día, los efectos beneficiosos de la familiarización con el depresor, permaneciendo consciente de su actividad y utilizando el etiquetado del pensamiento?				
reconoces los guiones?				
ves que el yo dañado es un mito que depende de tu sistema de identidad?				
reconoces el funcionamiento natural cuando tu sistema de identidad está tranquilo?				

Enumera las principales tensiones corporales que acompañen al depresor:

____

Enumera el argumento de tres guiones negativos:

Enumera tres conductas que acompañen al depresor:

¿Qué significa familiarizarse con el depresor y funcionar naturalmente?

4

¿POR QUÉ PARECEN FUNCIONAR MAL TUS MEJORES ESFUERZOS?

Jim era un veterano de guerra de 28 años que había participado en numerosos combates en Irak y Afganistán. Y, aunque hacia un par de años que se había licenciado, siguió sintiéndose «acelerado» y comprometiéndose en actividades de riesgo. En ocasiones, evitaba determinadas situaciones sociales y, en otras, se sentía tenso, irritable y frustrado. A veces, se sentía tan débil que creía que no podría «soportarlo» y que en cualquier momento se rompería en pedazos, lo que le llevaba a tratar de ser más duro que antes de ingresar en el ejército. Se repetía una y mil veces que todo estaba bien y se esforzaba en que los demás pensaran que podía con todo, desterrando los síntomas fuera de su mente. Le parecía normal tener dificultades en adaptarse a la vida civil y creía que, con el paso del tiempo, las cosas mejorarían, pero lo cierto es que sus síntomas iban empeorando y tanto su trabajo como su matrimonio pendían de un hilo.

Este capítulo explica las razones por las cuales la obstinación, es decir, la actitud de «esforzarse» y de «ser más fuerte», jamás funciona. En lugar de entregarse a sus síntomas, por ejemplo, Jim les declaró la guerra. Es por ello que, apenas advertía el menor indicio de debilidad o impotencia, se esforzaba, creyendo que su fracaso se debía a una falta de empeño, todavía más. Hiciese lo que hiciese, nunca le parecía suficiente, lo que aumentaba su tensión corporal y su ruido mental. Independientemente, pues, de lo mucho que se esforzara o de lo bien que lo hiciera, su tensión interna iba en aumento.

O, dicho de otro modo, no podía «corregirse» a sí mismo. El *corrector* es el ayudante con que cuenta el sistema de identidad, la pareja fiel, durante toda su vida, del depresor. El depresor y el corrector mantienen en funcionamiento el sistema de identidad, desembocando en un estado corpomental problemático, el yo dañado. El corrector va acompañado de pensamientos y guiones hiperactivos centrados en el modo de corregirnos a nosotros mismos y al mundo. El corrector imprime una sensación de urgencia y apremio a nuestras actividades y, cuando se pone en marcha, nunca tiene suficiente. No sólo parte de la falsa creencia de que estamos heridos, sino que trata de corregirnos y se empeña en hacernos creer que realmente nos está ayudando. Podemos reconocer la presencia del corrector advirtiendo el aumento de la tensión corporal cuando el depresor llena nuestra mente de pensamientos como «nunca es suficiente», «debes esforzarte más», «inténtalo de nuevo», «tienes que hacer más cosas», «debes ser más inteligente» o «tienes que ser más fuerte». Independientemente de lo que ocurra, el depresor siempre dice «no basta con eso».

Jim ignoraba que el asiento del conductor estaba ocupado por su corrector. El creía que ese estado de funcionamiento deficiente y de falta de curación era facetas «normales» de su vida. Sus experiencias de combate activaban su sistema de identidad y sus síntomas de TEPT le llevaban a vivir como si realmente estuviera dañado. Independientemente de sus esfuerzos, sin embargo, su corrector jamás corregía a su yo dañado. Recuerda que, en la Introducción, dijimos que el yo dañado no se refiere a las deficiencias de funcionamiento, mentales o físicas, debidas a lesiones, enfermedades, traumas o incluso el ADN. El yo dañado es un estado corpomental en el que nuestro sistema de identidad hiperactivo nos hace sentir incompletos, limitados y heridos, alejándonos de la curación. Mal puede el corrector, que forma parte del sistema de identidad causante del estado corpomental del «yo dañado», corregir nada.

Utilizando las herramientas de conexión corpomental, Jim empezó a reconocer la actividad de su corrector cobrando conciencia de su tensión corporal y de su presión mental. Percibió el estrés y la tensión generados por el corrector, algo que inicialmente le resultó difícil, porque esforzarse más, luchar y superar obstáculos formaba parte de su naturaleza. Pero no tardó, sin embargo, en sentir el exceso de tensión que acompaña al corrector y en darse cuenta de que la necesidad de «corregir» no acaba nunca. Entonces descubrió que cualquier pensamiento corrector (como, por ejemplo, «ser el más fuerte» o «ser el mejor») va siempre acompañado de un pensamiento depresor de signo contrario (como, por ejemplo, «soy débil» o «soy un fracaso»). Y entonces fue cuando se dio cuenta de que lo que le movilizaba no era el éxito porque, independientemente de los éxitos alcanzados, la tensión nunca le abandonaba y jamás encontraba la paz mental y la sensación de bienestar que tanto ansiaba. Y cuando, en medio de sus actividades cotidianas, experimentaba una opresión en el pecho, la reconocía como indicio evidente de la actividad de su depresor y de su corrector. Así fue como el uso cotidiano de las herramientas de conexión corpomental le ayudó a apaciguar la activación, lograr más cosas y reducir los síntomas del TEPT. Jim estaba aprendiendo el funcionamiento natural y libre de las perturbaciones causadas por su sistema de identidad.

Ahora ha llegado tu turno.

DÍA UNO **FECHA:** ____________________

1. Anota todos los indicios de actividad de tu corrector que hayas visto a lo largo del día de hoy. Los reconocerás en el aumento de tensión corporal y en la presencia de un urgente diálogo interno sobre la necesidad de corregir algo en ti o en el mundo. Advierte, cuando lleves a cabo una actividad, cualquier signo concreto de tensión corporal, presión mental o de la sensación de verte arrastrado.

Actividad	Tensión corporal y su localización	Guión	Pensamiento corrector
Ir a trabajar	*Dolor de cabeza y opresión en el pecho*	*No puedo llegar tarde otra vez. ¿Por qué no me habré levantado antes? ¡Maldito tráfico!*	*Saltarme los semáforos en ámbar, conducir más deprisa*

Revisa tus anotaciones y señala con un signo los pensamientos correctores que vayan acompañados de una sensación de presión o urgencia mental. Observa si puedes descubrir los diferentes rasgos característicos de la tensión corporal (localización, tipo o ambos) que acompañan al corrector.

La presencia de un problema que parece insoluble también puede indicar la actividad del corrector. Quizás cuando, en mitad de la noche, trates de conciliar el sueño, te lo impida un recuerdo que reiteradamente vuelve a tu mente. El corrector de tu sistema de identidad está funcionando, en tal caso, a toda velocidad, tratando de ver el modo de corregirlo todo e imposibilitando así el sueño. Recuerda que, para conciliar el sueño, siempre tienes la posibilidad de apelar a las prácticas de conciencia de la conexión corpomental.

2. Elabora ahora un mapa de tu corrector. Anota, en torno a la figura adjunta, los pensamientos que, sobre «el modo en que podrías mejorar tu vida», se te ocurran sin censurarlos, durante un tiempo de entre tres y cuatro minutos.

¿CÓMO PUEDO
MEJORAR MI VIDA?

a. ¿Cómo te sientes cuando contemplas este mapa?

   Tranquilo _____ Tenso _____ Desbordado _____

   Las afirmaciones de tu mapa pueden ser pensamientos correctores o pensamientos sanos (es decir, pensamientos propios del funcionamiento natural) que tengan que ver con el modo más adecuado de cuidar de ti mismo y de asumir tus responsabilidades. Es importante saber, para que tus esfuerzos y buenas intenciones alcancen sus objetivos, cuáles de todas sus actividades cotidianas se ven obstaculizadas por la presencia del corrector. Y un modo de hacer esto consiste en considerar los diferentes ítems de tu mapa y evaluar la tensión corporal que experimentas cuando piensas en el logro de ese objetivo de automejora.

b. Anota, junto a los diferentes ítems de tu mapa, el nivel de tensión muscular asociado, utilizando uno de los siguientes símbolos: Ø para ausencia de tensión corporal, + para tensión leve, ++ para tensión moderada y +++ para tensión severa. También podrás encontrar, al final de las tareas propuestas para el día de hoy, un ejemplo que puede resultarte sumamente ilustrativo.

Los pensamientos que van acompañados de tensión corporal son tus correctores, mientras que aquellos que no van acompañados de tensión corporal son indicadores de funcionamiento normal. El reto consiste en advertir la diferencia existente entre unos y otros. La tensión corporal que acompaña a los pensamientos es un indicador de la actividad de tu corrector, que también va acompañado de una sensación de urgencia mental que imprime, a tus actividades, una presión adicional. Recuerda que el funcionamiento natural es el modo en que piensas, sientes, ves y actúas en el mundo cuando tu sistema de identidad está en calma. Cuando no alcanzas, funcionando naturalmente, un determinado objetivo, te sientes decepcionado pero, cuando el objetivo en cuestión lo ha establecido el corrector, te sientes muy mal.

c. Enumera los correctores que hayas descubierto en tu mapa anterior:

d. Enumera los pensamientos del mapa anterior que indiquen un funcionamiento normal:

e. Quizás te sirva, en este sentido, comparar el mapa del depresor que has realizado el Día Uno del Capítulo 3, con este mapa del corrector:

   i. ¿Qué mapa tiene un nivel mayor de energía global? (¿cuál te hace, en suma, sentir mejor?)

mapa depresor ——— mapa corrector ———

No resulta, en este sentido, infrecuente que el funcionamiento del corrector vaya acompañado de niveles de energía más elevados, es decir, de niveles que te hacen sentir mejor. Un alto nivel de endorfina te impide reconocer al corrector, porque te sientes bien con tus pensamientos. Eso te torna más proclive a las adicciones, las actividades de riesgo y al exceso de trabajo cuando los pensamientos son «bebe más alcohol», «corre más deprisa que nadie» y «trabaja más». Una vez que está activo, el corrector mejora tu juicio sobre los efectos de tus acciones.

ii. Identifica las conexiones existentes entre el mapa del depresor y el del corrector.

____

____

iii. Advierte las diferencias existentes en ubicación, calidad e intensidad entre las tensiones corporales que acompañan a los pensamientos de ambos mapas. Por ejemplo, «la tensión corporal asociada al mapa del depresor estaba ubicada en torno a mi vientre y sentía mi cuerpo pesado e insensible. En el caso del mapa del corrector, la tensión corporal giraba en torno a mi pecho y a mi cabeza e iba acompañada de una sensación de nerviosismo».

____

____

La intensidad de tu tensión corporal y la presión de tus guiones son indicadores importantes de actividad del corrector. Los guiones son un signo de que tu corrector está limitando tu capacidad de llevar adecuadamente a cabo tu actividad habitual.

EJEMPLO DE MAPA DEL CORRECTOR

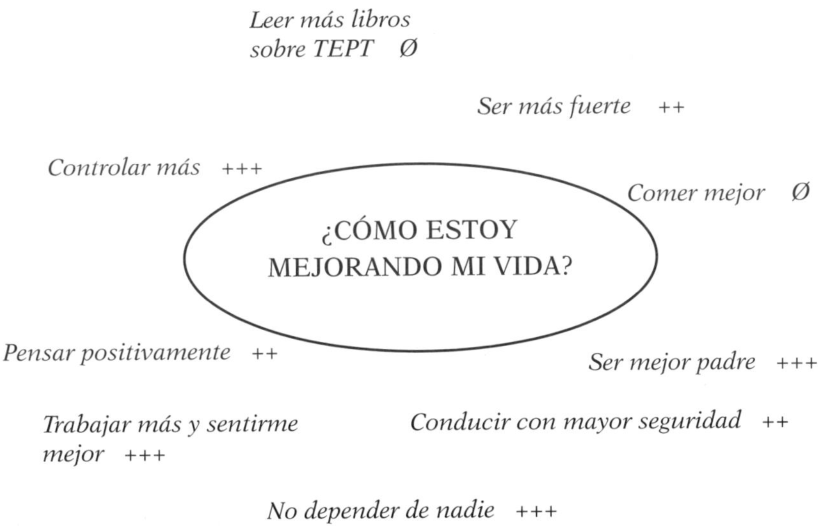

Advierte los correctores que van acompañados de un nivel de tensión corporal de ++ o +++ cuando tratas de alcanzar determinados objetivos de autoperfeccionamiento como, por ejemplo, «ser independiente», «no estar supeditado a nadie», «trabajar más y sentirme mejor», «ser mejor padre», «tener más control» «ser más fuerte», «pensar positivamente» y «conducir mejor».

Anota también cualquier pensamiento relativo al funcionamiento normal (sin tensión corporal Ø) que aspiren a un objetivo de autoperfeccionamiento como, por ejemplo, «leer más libros de TEPT» o «comer mejor».

DÍA DOS **FECHA:** ____________________

Son muchas las formas que asume la actividad del corrector. George, por ejemplo, corta el césped entre dos y tres veces por semana. Y, como siempre pretende hacerlo perfecto, «nunca está bien». Los intentos de Mary de satisfacer las necesidades de sus hijos la sumen en un tiovivo tan intenso que casi siempre está exhausta. Mike trabaja tanto que debe medicarse para reducir su presión arterial. Ray se empeña tanto en tratar de ser un «buen marido» que su esposa casi le abandona. Los síntomas del trauma de Larry son tan abrumadores que trata de «corregirse» bebiendo una botella de whisky al día. Tom encuentra tan excitante conducir que eso es lo único que le hace sentir vivo. Y Ted, por último, siempre está enojado.

Todos hemos leído o hemos tenido experiencias de primera mano del extraordinario poder del corrector. En su libro *Man Against Himself* (1938, 23), Karl Menninger (uno de los primeros estudiosos de los efectos del trauma entre los contendientes de la primera Guerra Mundial) afirmaba que el suicidio «es un asesinato del yo llevado a cabo por el yo». El suicidio es, desde su perspectiva, el último intento del corrector para tratar de resolver los problemas de un cuerpomente angustiado, aunque ello suponga acabar con el individuo. Es, por así decirlo, el paroxismo del corrector.

1. Observa, cuando adviertas la activación del corrector, tus tensiones corporales, guiones, presión mental y conducta. Observa la intensidad con la que el corrector apremia a tu mente a actuar. Puede impulsar tus acciones o desbordarte y paralizarte. Sé consciente del modo en que el corrector configura la demanda. El corrector te envuelve con las ideas de que «necesito hacer», «tengo que hacer», «debo hacer» o «debería». ¿Reconoces los signos que ponen de relieve la actividad de tu depresor cuanto tu corrector se pone en marcha? ¿Qué es lo que, en tal caso, adviertes?

a. Toma nota de tus observaciones

____

____

El verdadero efecto del corrector es el de mantener en marcha el sistema de identidad. De ese modo, el corrector fortalece al yo dañado. En ocasiones, el corrector apela a pensamientos positivos como «practica más», «come mejor», «duerme mejor», «trabaja más», «disfruta de la vida» o «sé mejor padre», ocultando sus motivos subyacentes. Cuando, por el contrario, el corrector apela a pensamientos como «voy a dejarlos a todos atrás», «dale una paliza a ese hijo de puta», «esnifa más cocaína» o «sal de todo ese lío», sus motivos resultan más claros. No subestimes nunca, al tratar de corregir el yo dañado, la extraordinaria presión generada por el corrector. No puedes oponerte al corrector. Es cierto que el impulso que te lleva a beber y a tomar drogas puede proceder del corrector, pero la presencia de otro corrector que te apremiase a dejar de beber y de tomar drogas no haría más que arrojar más leña al fuego, provocando un efecto rebote. El hecho de cobrar conciencia de que el corrector está alentando una determinada actividad reduce su poder sobre ti.

b. Anota todas tus actividades relacionadas con la adicción, la asunción de riesgos, el exceso de trabajo, la ira y la irritabilidad. ¿Reconoces la presión mental y física que ejerce el corrector? ¿Puedes descubrir al depresor inmerso? Toma nota del nivel de presión mental utilizando Ø para nada, + para leve, ++ para moderado y +++ para severo.

Situación o acción	Presión mental	Corrector	Depresor
Beber demasiado *Trabajar demasiado* *Mantenerse a la espera*	+++ +++ +++	*Necesito un trago* *Necesito trabajar más* *Sal de una vez de la habitación*	*Estoy hecho polvo* *Nunca lo conseguiré* *No me respetan*

¿Empeoran, cuando el corrector está activo, tus juicios?

Sí ______ No ______

¿Puedes hacer lo suficiente para satisfacer al corrector?

Sí ______ No ______

Reconocer al depresor implícito y familiarizarse con él resulta esencial para reducir el exceso de presión mental y física generada por el corrector. En ausencia de depresor, el poder del corrector desaparece.

2. Haz un mapa del corrector. Dedica luego varios minutos a tomar nota, en torno a la siguiente figura, de cualquier pensamiento que se presente y tenga que ver con la idea de «¿cómo voy a mejorar mi vida?».

a. Anota ahora, en la tabla que presentamos a continuación, para cada uno de los pensamientos que has anotado en tu mapa, el tipo y la ubicación de las tensiones corporales y de los ruidos mentales que experimentes cuando pienses en el modo de alcanzar tus objetivos.

b. Trata de señalar los requisitos subyacentes y los depresores que hay detrás de cada uno de tus pensamientos.

Pensamiento corrector	**Tensión corporal**	**Presión mental**	**Depresor**	**Requisito**
Esforzarme más en perder peso	*Tensión en el pecho y el vientre*	++	*Estoy gordo*	*Debería estar más delgado*

Es importante reconocer que tus ítems correctores están generados por el corrector en respuesta al depresor para poder satisfacer, de ese modo, los requisitos del sistema de identidad. Cuando el sistema de identidad y sus requisitos descansan, también lo hacen los correctores y los depresores. Cuando, por el contrario, un evento o condición activa el sistema de identidad violando uno de sus requisitos, el corrector, el depresor y los guiones movilizan la energía (conmoción) que mantiene en marcha al sistema de identidad.

3. Haz de nuevo el mapa apelando, en esta ocasión, a tus prácticas de conexión corpomental. Escucha, antes de empezar a escribir, los sonidos procedentes del entorno, siente la presión de tu cuerpo en el asiento, siente las plantas de los pies apoyadas en el suelo y siente el bolígrafo que sostienes entre los dedos. Sigue sintiendo, una vez centrado, el bolígrafo en la mano y empieza a escribir. Anota todos los pensamientos que se te ocurran en torno a la figura que presentamos a continuación. Observa el rastro dejado por la tinta sobre el papel y sigue escuchando los sonidos procedentes del entorno.

¿CÓMO VOY A MEJORAR
MI VIDA?

a. ¿En qué sentido se asemeja o difiere este mapa del anterior?

b. Observa uno tras otro los diferentes pensamientos que hayas anotado en tu mapa. Advierte la intensidad de la presión mental y de la tensión corporal que experimentas cuando piensas en alcanzar el objetivo de cada uno de tus pensamientos. Ten en cuenta que los pensamientos que van acompañados de una menor tensión corporal y presión mental están asociados al funcionamiento de tu verdadero yo. ¿Puedes reconocer los requisitos ocultos detrás de los pensamientos que vayan acompañados de un exceso de tensión corporal? Enuméralos:

Algunos pensamientos de este mapa se asemejan a los pensamientos del mapa corrector anterior. Las prácticas de conexión corpomental del presente mapa eliminan el exceso de presión mental y física que acompañan al corrector. Cuando, como decíamos, tu conciencia impide que el corrector empeore las cosas generando un exceso de ruido mental, tensión corporal y presión mental, decimos que estás familiarizándote con el corrector. Entonces es cuando funcionas naturalmente. Cuanto más recurras, en tu vida cotidiana, a las prácticas de conexión corpomental, más harás las cosas porque *quieres* hacerlas en lugar de porque *tienes* que hacerlas. En ausencia de la presión interna generada por tu sistema de identidad (o, dicho con otras palabras, cuando tu sistema de identidad descansa), tus actividades cotidianas te resultarán más placenteras y estarás mentalmente más tranquilo. Y, en ese estado, tu TEPT curará.

Familiarízate con el corrector

El único momento en que puedes reconocer la presencia de tu corrector y familiarizarte con él es aquél en que tu sistema de identidad está activo. Sólo entonces puedes salir del círculo vicioso generado por el depresor y el corrector y desactivar tu sistema de identidad.

Cuando tu corrector está activo, los siguientes pasos te resultarán sumamente útiles:

1. Advierte, durante una actividad, la presencia de cualquier tensión corporal, presión mental y guión y considéralos como indicadores de actividad del corrector. (Quizás no tengas, en tal caso, la menor idea de deterioro de tu funcionamiento mental o físico.)
2. Recuerda la necesidad de utilizar las prácticas de conciencia de la conexión corpomental y etiquetado de los pensamientos para aquietar tu sistema de identidad.
3. Recuerda que el depresor y el corrector del sistema de identidad no dejarán de elaborar historias que justifiquen el funcionamiento del corrector. Estos guiones empeoran tu juicio y te llevan a actuar de un modo del que posteriormente te arrepientes.
4. Reconoce al depresor subyacente y date cuenta de que la motivación real del corrector es la de corregir el yo dañado (aunque ya sabes que, al formar parte del sistema de identidad, el corrector no puede corregir al yo dañado).
5. Recuerda que lo importante no es tanto la actividad que estés llevando a cabo, como si la está realizando tu yo verdadero o tu yo dañado.

Cuando te familiarizas con la actividad del corrector, tu sistema de identidad se aquieta, tu cuerpo se tranquiliza y tus actividades son llevadas a cabo por tu yo verdadero y no por la presión del corrector. Entonces es cuando te das cuenta claramente de que el yo dañado es una falsa creencia creada por la activación de tu sistema de identidad. Sin embargo, como no estás dañado, nada debes corregir.

DÍA TRES **FECHA:** ____________________

Russ estaba ejercitando adecuadamente su práctica de conexión corpomental y comentó con su grupo que dormía mejor y tenía menos tensiones y menos síntomas TEPT. Toda su vida, según dijo, estaba cambiando, incluida la relación con su esposa. Luego, con las manos apretadas, dijo enfadado: «Pero mi conexión corpomental no funciona... y debería encontrar trabajo». Su sistema de identidad se había aferrado al pensamiento de que «no puedo decepcionar a mi familia» y «tengo que ser más hombre». Y la tensión corporal (opresión en el pecho) que acompañaba a esos pensamientos evidenciaba claramente la actividad de su corrector. El depresor y el corrector se esforzaban en mantener activo el sistema de identidad. Todos los pasos que daba para encontrar trabajo no hacían sino intensificar su tensión corporal. Su boca se secaba, dificultándole acudir a entrevistas de trabajo, y su mente se llenaba de pensamientos tales como «sí, puedo hacerlo» o «no, no puedo hacerlo». Después de elaborar un mapa de sus pensamientos, Russ reconoció su guión como «si realmente fuese un hombre, encontrar trabajo me resultaría tan sencillo como llamar a amigos y conectar con mi relaciones...», reconoció su requisito como «debería tener trabajo» y su depresor como «no soy un hombre». Se dio cuenta de que su corrector había capturado un pensamiento propio del funcionamiento natural, «necesito encontrar trabajo», añadiendo presión y tensión extra a su malestar. Al familiarizarse y reconocer la actividad de su corrector (único momento en el que es posible reconocerlo y familiarizarse con él), fue capaz de desactivar el funcionamiento del depresor, detener el tiovivo en el que le sumía el corrector y encontrar trabajo.

1. Advierte y toma nota, durante el día, de la frecuencia con que tu corrector se activa. Presta atención a la relación que existe entre el depresor y el corrector, una relación que genera guiones, tensión corporal y presión mental.

a. ¿Qué ha sucedido?

b. ¿Cómo te has familiarizado con tu corrector?

c. ¿Ha cambiado tu conducta o sigue siendo la misma?

2. Elabora un mapa de las cosas que todavía te quedan por hacer, anotando las que debas hacer en los próximos días. Dedícate, durante tres o cuatro minutos, a registrar y anotar cualquier tensión corporal que acompañe a esas actividades. Tal vez te sirva de ayuda, en este sentido, el ejemplo que presentamos a continuación.

a. Trata de determinar la diferencia existente entre el funcionamiento del corrector y el funcionamiento natural. Recuerda que el yo verdadero sólo funciona naturalmente cuando tu sistema de identidad descansa, es decir, en ausencia de toda tensión corporal.

Ítems del mapa	Tensión corporal	Corrector	Depresor	¿Funcionamiento natural?
Solicitar a la administración de veteranos los beneficios que me correspondan	+++	*Sí*	*Sé que nunca me darán lo que necesito*	*No*
Pagar la factura de la electricidad	Ø	*No*	*Ninguno*	*Sí*

b. Vuelve a los ítems del corrector que hayas anotado en tu tabla y utiliza las herramientas de conexión corpomental y etiquetado de los pensamientos. ¿Qué es lo que, en tal caso, ocurre? El funcionamiento natural es el motor de la vida. Consiste simplemente en las actividades de tu vía cotidiana sin que el sistema de identidad agregue ni quite nada.

EJEMPLO DE MAPA DE COSAS POR HACER

Preparar el encuentro de mañana ++

Rellenar la solicitud de la administración de veteranos +++

Pagar la factura de la electricidad

COSAS POR HACER

Ir al dentista ++

Ir a la reunión de padres de alumnos +++

Ir a trabajar mañana temprano +

Dar un paseo +

Llamar a mi padre +

DÍA CUATRO **FECHA:** ____________________

¿Recuerdas a Mary y a sus hijos, de quienes hablamos el Día Dos de este mismo capítulo? Le resultaba difícil señalar la diferencia existente entre los pensamientos generados por el corrector y aquellos otros propios del funcionamiento natural, hasta el momento en que recordó la posibilidad de utilizar sus prácticas de conciencia de la conexión corpomental. Ahora sale de la ducha con una mente y un cuerpo relativamente relajados. Se da cuenta de que su respuesta habitual de tensar los hombros y gritar «¡apresuraos o llegaréis tarde a la escuela!» después de echar un vistazo al reloj y pensar «los niños llegarán tarde a la escuela», era fruto de la actividad de su corrector. Ahora escucha, por el contrario, el ruido del tráfico en la calle, siente el apoyo de los pies en el suelo mientras camina por el pasillo, siente los hombros relajados y va despertando sencillamente a todos los miembros de su familia. Así es como la familiarización con el corrector le ha permitido recuperar su funcionamiento natural.

Ahora que puedes identificar en tus mapas la actividad del corrector, ha llegado el momento de familiarizarte con él. Recuerda que el momento más adecuado para ello es aquél en el que adviertas un exceso de tensión, guiones, presión mental, sentimientos desbordantes, etcétera. Pero esa familiarización no será posible sin haber ejercitado previamente la conexión corpomental. El sistema de identidad es tan perturbador que resulta difícil señalar la diferencia existente entre el corrector y el funcionamiento natural. Sólo cuando sepas desactivar tu sistema de identidad, podrás reconocer la actividad de tu corrector. La actividad del corrector es, en nuestra vida, tan insistente que la mayoría de la gente acaba identificándose con esa actividad. ¿Cuántas veces, ignorando tu tensión corporal y soslayando tu ruido mental, has dando por sentado que «ése eres tú»? Recuerda que, cuando tu sistema de identidad está descansando, puedes familiarizarte con tu corrector cobrando simplemente conciencia de su actividad y dirigiendo de nuevo tu atención hacia lo que estés haciendo.

1. Advierte, durante el día, la diferencia existente entre las actividades desencadenadas por tu corrector y aquellas otras que se derivan de tu funcionamiento natural.

Actividad	Signos evidentes de tu corrector	Prácticas de conexión corpomental utilizadas	Resultados
Llevar a los niños a la escuela	*Respiración acelerada, tensar los dedos de los pies, sensación de urgencia (como si fuese una cuestión de vida o muerte)*	*Escuchar los sonidos procedentes del entorno y ser consciente de mi cuerpo*	*Preparar a los niños para ir a la escuela*

2. Haz ahora un mapa titulado «¿Qué sucedería si renunciase a mi corrector?». Anota todo lo que aparece en tu mente cuando te imaginas renunciando a tu corrector (como, por ejemplo, «carecería de toda motivación», «perdería mi trabajo», «nunca conseguiría nada», «no podré hacerlo» o «nunca voy a conseguirlo»). Toma nota, durante dos o tres minutos, de todas las tensiones corporales que adviertas.

¿QUÉ SUCEDERÍA
SI RENUNCIASE
A MI CORRECTOR?

Tensión corporal:

a. ¿Está tu mente ruidosa o silenciosa?

b. ¿Está tu cuerpo tenso o relajado?

c. Enumera algunos de tus requisitos:

d. ¿Cómo actúas desde ese estado corpomental?

Hay quienes, al llevar a cabo este ejercicio, entran en pánico. Su sistema de identidad es tan fuerte que creen que eso es todo lo que son y sienten en consecuencia que, si perdiesen a su corrector, no serían nada. Algunos de los miedos que las personas mencionan a este respecto son: «¡Renunciar a mi corrector sería como renunciar a mi brazo derecho!» o «si perdiese a mi corrector, me vendría abajo».

3. Haz de nuevo el mapa anterior pero apelando, en esta ocasión, a tus prácticas de conexión corpomental. Escucha, antes de empezar a escribir, los sonidos procedentes del entorno, siente la presión de tu cuerpo en el asiento, siente el apoyo de las plantas de los pies en el suelo y siente el bolígrafo que sostienes entre los dedos. Y sigue sintiendo, una vez asentado, el bolígrafo en la mano y empieza a escribir. Observa el rastro que deja la tinta sobre el papel mientras escuchas los sonidos del entorno. Escribe durante tres o cuatro minutos.

¿QUÉ SUCEDERÍA
SI RENUNCIASE
A MI CORRECTOR?

a. ¿En qué difiere este mapa del anterior?

b. ¿Puedes experimentar el funcionamiento natural de tu yo verdadero? Sí ______ No ______

Cuando tu sistema de identidad permanece tranquilo, tu yo verdadero funciona naturalmente. En este estado corporal unificado y armonioso, puedes acceder a tu poder de curación, bondad y sabiduría para hacerte cargo de ti mismo y de tus responsabilidades.

DÍA CINCO **FECHA:** ____________________

Larry bebía intentando corregir, con ello, una vida acosada por el TEPT. Y se pasaba el día elaborando historias sobre las razones que le llevaban a beber. Algunas de esas historias se referían a su esposa («se pasa el día hablando por teléfono con su hermana y no limpia la casa ni me prepara la cena...») y sobre la conducción («no puedo creer que haya tantos semáforos rojos», «no saben conducir...»). También se contaba historias sobre la estrecha relación que le unía a los miembros de su unidad militar y el modo en que dependía de ellos, hasta el punto de creer que ellos eran los únicos que podían entender lo que estaba ocurriéndole. Ésas eran las historias que mantenían en funcionamiento el círculo vicioso del depresor y el corrector.

1. Date cuenta, la largo del día, de tus guiones, impulsados por tu depresor y tu corrector. Los guiones se asientan fundamentalmente en las dificultades del pasado y en miedos o deseos asociados al futuro. Y poco importa, sin embargo, que sean positivos o negativos, porque siempre te mantienen alejado del presente. El depresor y el corrector funcionan de un modo que genera una intensa necesidad de mantener el funcionamiento de los guiones. Cuando te das cuenta de los guiones de tu sistema de identidad, no obstante, puedes volver a prestar atención a la tarea que estabas realizando. ¿Puedes, durante el curso de una actividad, cambiar del guión activado por tu sistema de identidad al funcionamiento natural?

a. Describe los guiones que hayas observado y advierte cualquier presión, procedente tanto de tu depresor como de tu corrector, que aliente su funcionamiento:

____

____

____

____

b. ¿Cuáles son las conductas impulsivas (como beber, comer en exceso, enfadarte, conducir muy deprisa, etcétera) y los guiones a los que más te aferres?

____

____

____

____

c. ¿Cómo puedes, cuando cobras conciencia de tu corrector, familiarizarte con él y pasar del guión activado por tu sistema de identidad al funcionamiento natural?

____

____

____

____

2. Todos tenemos algo que queremos hacer y que, pese a nuestras mejores intenciones, no logramos. Escribe, en el centro de la figura que presentamos a continuación, lo que más difícil te resulte hacer. Anota también todo aquello que, mientras te esfuerzas en hacerlo, acude a tu mente. Escribe durante tres o cuatro minutos y anota luego tus tensiones corporales.

MAPA DE LAS COSAS MÁS DIFÍCILES DE HACER

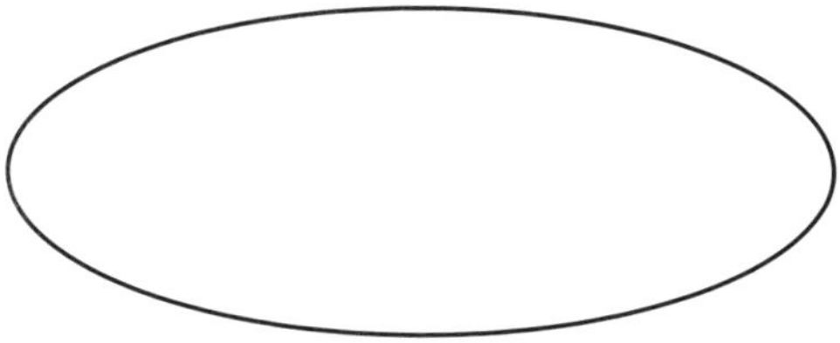

Tensión corporal:

____

____

a. Toma nota de cualquier indicio de hiperactividad de tu sistema de identidad:

Tensión corporal	Sí ——	No ——	Ruido mental	Sí ——	No ——
Presión mental	Sí ——	No ——	Depresores	Sí ——	No ——
Correctores	Sí ——	No ——	Guiones	Sí ——	No ——
Requisitos	Sí ——	No ——			

b. ¿Te das cuenta de los obstáculos que te genera tu sistema de identidad? Sí —— No ——

3. Haz de nuevo el mismo mapa pero anotando ahora, en el centro de la figura, la misma tarea pendiente. Y escucha, antes de empezar a escribir, los sonidos procedentes del entorno, siente la presión de tu cuerpo en el asiento, siente el apoyo de las plantas de los pies en el suelo y siente también el bolígrafo que sostienes entre los dedos. Y sigue sintiendo, cuando te hayas centrado, el bolígrafo en la mano y anota todo lo que llegue a tu mente. Observa el rastro dejado por la tinta sobre el papel y escucha los sonidos procedentes del entorno. Escribe durante tres o cuatro minutos.

MIS TAREAS MÁS DIFÍCILES DE HACER CON AYUDA
DE LA CONEXIÓN CORPOMENTAL

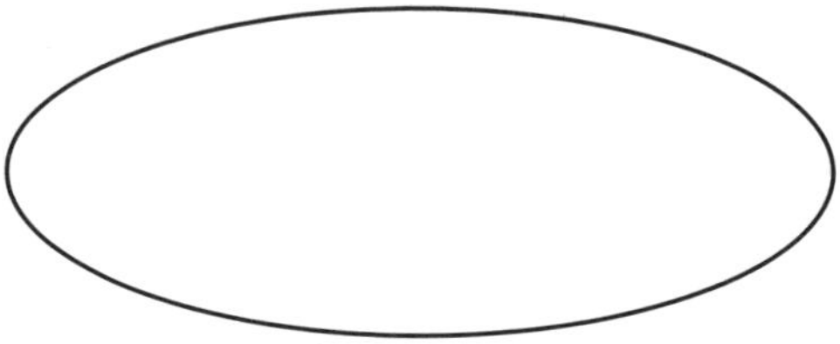

a. ¿En qué se parece y en qué se diferencia este mapa del anterior?

____

____

____

b. ¿Te permite, el funcionamiento natural de tu yo verdadero, llevar a cabo cualquier acción que necesites?

Sí —— No ——

DÍA SEIS **FECHA:** ____________________

Ted estaba continuamente tenso. Cualquier cosa, aun la más nimia, le enervaba. Propenso a los ataques de rabia, a menudo debía reprimirse para no pegar a nadie. Cuando se encontraba, por ejemplo, con alguien que conducía muy lentamente, su cuello se hinchaba, la cara se le enrojecía y la cabeza empezaba a latirle y pensaba «¡Habría que fusilar a toda esa gente que se empeña en ir a 30 km/h en una zona de 50 km/h!». En un determinado momento, empezó a utilizar las prácticas de conciencia de la conexión corpomental y de etiquetado de los pensamientos como herramientas eficaces para tranquilizarse. Siguiendo con estas prácticas, se dio cuenta de los múltiples requisitos («hay que mantener al día la correspondencia», «no deberían hacerme esperar», «la gente no debería ser tan poco respetuosa con nuestro país») que disparaban una reacción física en cadena que le llevaba a «pelearse con todo el mundo». Cuando se dio cuenta de que su vida era un intento de corregirse a sí mismo y al mundo, su actitud cambió. Entonces explicó con toda naturalidad que, unos días atrás, cuando él y su mujer estaban viajando en coche para llegar a tiempo a una urgencia familiar, se encontraron, en un cruce, con otro coche que les bloqueaba el camino. Pero, por más que su esposa le insistió en que tocara el claxon, Ted salió del coche y, en lugar de enfadarse, se dio cuenta de que el conductor estaba perdido y se detuvo unos minutos para indicarle la dirección a seguir y regresar luego tranquilamente al coche. Finalmente confesó «ignoraba que, en mi interior, fuese tan amable».

1. Utiliza todas las prácticas de conexión corpomental que hayas desarrollado en tu vida cotidiana. Tranquiliza tu mente y reduce la tensión de tu cuerpo con:

- Prácticas de conexión corpomental
- Etiquetado de los pensamientos

Ahora, con una mente tranquila y un cuerpo relajado, puedes:

- Ser consciente de tus guiones
- Reconocer y liberar la actividad de tu depresor (es decir, familiarizarte con tu depresor)
- Reconocer y liberar la actividad de tu corrector (es decir, familiarizarte con el corrector)
- Reconocer tus requisitos y desactivar al sistema de identidad (desactivar tus requisitos)

a. ¿Que prácticas de conexión corpomental te han servido el día de hoy?

____

____

____

b. ¿En qué situaciones no han funcionado?

____

____

____

2. Haz un mapa de situación. Elige, del paso anterior, la situación más estresante para la que no hayan servido las prácticas de conexión corpomental. Consigna esa situación en el interior de la figura adjunta. Dedica, a continuación, un par de minutos a anotar, en torno a la misma figura, cualquier pensamiento que, al respecto, se te ocurra. Trabaja rápidamente, sin censurar los pensamientos. Anota luego todas las tensiones corporales que adviertas.

MAPA DE LA SITUACIÓN

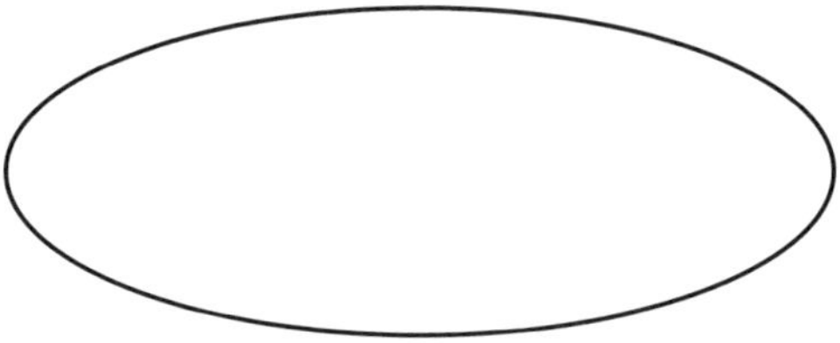

Tensión corporal:

a. ¿Está tu mente ruidosa o silenciosa?

____

____

b. ¿Está tu cuerpo tenso o relajado?

____

c. Enumera tus depresores y correctores:

____

____

d. Enumera tus requisitos:

____

____

e. ¿Cómo actúas desde ese estado corpomental?

____

3. Haz de nuevo el mismo mapa, anotando la misma situación en el interior de la figura. Pero escucha ahora, antes de empezar a escribir, los sonidos procedentes del entorno, siente la presión de tu cuerpo en el asiento, siente el apoyo de las plantas de los pies en el suelo y siente también el bolígrafo que sostienes entre los dedos. Y sigue sintiendo, una vez que te hayas asentado, el bolígrafo en la mano y empieza a escribir. Observa el rastro dejado por la tinta en el papel, al tiempo que escuchas los sonidos procedentes del entorno. Escribe durante un par de minutos.

MAPA DE LA SITUACIÓN CON CONEXIÓN CORPOMENTAL

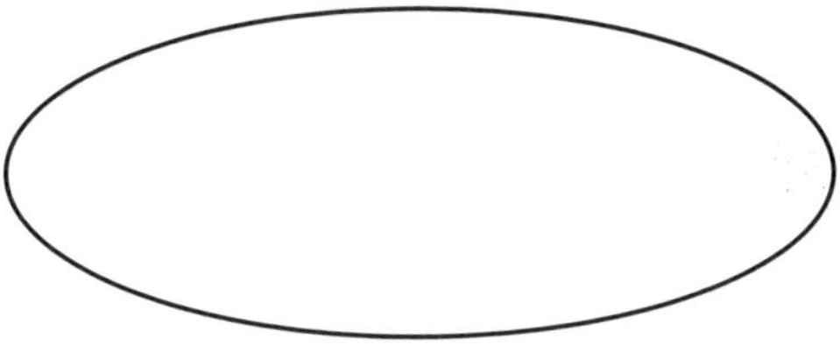

Observa las diferencias existentes entre ambos mapas:

a. ¿Está tu mente ruidosa o silenciosa?

____

b. ¿Está tu cuerpo tenso o relajado

____

____

c. ¿Cómo actúas, desde este estado corpomental?

____

____

____

d. ¿Estás ahora mejor preparado para enfrentarte a esa situación?

Sí —— No -——

DÍA SIETE FECHA: ____________________

Cuando la gente se encuentra con un problema, a menudo se pregunta: «¿Qué debería hacer?». Pero la verdadera pregunta no es tanto *qué* debería hacer, sino *quién* está haciéndolo? Cuando tu sistema de identidad está activo, quien está a cargo de la situación es tu yo herido, razón por la cual, nada de lo que «deberías hacer» bastará. Cuando, por el contrario, tu sistema de identidad descansa, quien está a cargo de la situación es tu yo verdadero. El funcionamiento de tu yo verdadero se ocupa naturalmente de hacer lo que tienes que hacer. Lo único que, en ese sentido, tienes que hacer, es dejar que tu yo verdadero emprenda naturalmente la acción adecuada para resolver el problema.

Pregúntate, a lo largo del día, quién está llevando a cabo tu actividad (y, con ello, nos referimos a cualquier actividad, ya sea caminar, cuidar a tus hijos, estar ante el ordenador, pagar facturas, trabajar o jugar). ¿Se trata de tu yo verdadero, que emerge de un sistema de identidad tranquilo o de tu yo dañado, movilizado por la activación de tu sistema de identidad? Advierte el modo en que las prácticas de conexión corpomental están cambiando tu vida:

____

____

____

____

Las prácticas de conexión corpomental están mejorando tu vida. El reconocimiento y liberación de los efectos negativos de tu corrector pone en marcha el proceso de avance y curación. El sistema de identidad no es un sistema estático y puede, movilizando cada vez más correctores, acabar enloqueciéndote. Por ello es importante, para alentar el progreso y la curación, reconocer la aparición de nuevos correctores. Veamos algunos ejemplos a este respecto:

- Como las cosas están funcionando mejor, puedo relajarme y no ejercitar tanto la conexión corpomental.
- Ahora estoy más tranquilo, de modo que puedo permitirme un trago.
- He mejorado tanto que puedo limitarme a realizar los mapas mentalmente.
- Hay veces en que la situación requiere que explotemos.
- Sólo debo practicar cuando me siento mal.
- Que me sienta bien es un claro indicio de que estoy funcionando naturalmente.
- Como la conexión corpomental implica tener libertad de elección, decido circular a 120 km/h.
- Como el funcionamiento natural nunca va acompañado de esfuerzo, no será necesario que me esfuerce.

Aunque esta enumeración se presente como una lista de decisiones derivadas del funcionamiento natural, lo cierto es que llevan consigo el rasgo distintivo de los correctores que anteriormente has aprendido en este capítulo (tensión corporal, presión mental, guiones apremiantes y falta de claridad sobre los efectos de tus acciones). El hecho de que se presenten de un modo que te haga sentir bien, puede llevarte a no reconocerlos como correctores y tomarlos, en su lugar, como indicadores de progreso. Sólo la familiarización con tu corrector (ver Día Cuatro) puede permitir que tu yo verdadero, liberado de las influencias del sistema de identidad, tome la decisión.

ESCALA CMC DE EVALUACIÓN SEMANAL
POR QUÉ PARECEN FUNCIONAR MAL TUS MEJORES ESFUERZOS

Fecha: ____________________

¿Cómo funcionaron, durante la última semana, estas prácticas? Elige la descripción que mejor se ajuste a tu práctica: casi nunca, ocasionalmente, habitualmente o casi siempre.

¿Con qué frecuencia...	Casi nunca	Ocasionalmente	Habitualmente	Casi siempre
has percibido el impulso, la tensión y la naturaleza incesante del corrector?				
has cobrado conciencia de las sensaciones corporales que acompañan al corrector?				
reconoces la naturaleza engañosa del corrector?				
te das cuenta de que el corrector nunca puede corregir al yo dañado?				
se halla el depresor inmerso en el corrector?				
has visto la relación que mantienen el corrector y el depresor?				
reconoces los guiones que acompañan al corrector?				
adviertes la diferencia existente entre las actividades producidas por el corrector y aquellas otras derivadas del funcionamiento natural?				
has advertido la liberación de tensión y el exceso de impulso cuando te familiarizas conscientemente con el corrector?				
funcionas mejor en casa y en el trabajo?				

Enumera las principales sensaciones corporales que experimentas cuando es el corrector el que controla la situación:

Enumera tres conductas generadas por el corrector:

Enumera tres argumentos de guiones que acompañan al corrector:

¿Cómo cambia tu conducta cuando te familiarizas con el corrector y funcionas naturalmente?

ESCALA CMC DE CALIDAD DE VIDA

Fecha: ____________________

Éste es el momento, para verificar tu progreso, de hacer otra Escala CMC de Calidad de Vida. Rellena esta escala de calidad de vida y compárala con la que hiciste el Día Uno del Capítulo 1. Felicítate por la mejora de tus puntuaciones. Cobra conciencia de cualquier área en que tu puntuación siga siendo baja, algo que está relacionado con los requisitos de los que todavía no eres consciente, aún no has desactivado. El resto de este cuaderno te enseñará más habilidades para poder enfrentarte a los requisitos subyacentes que afectan negativamente a tu vida. Este cuaderno de trabajo registra tu viaje de autodescubrimiento y autocuración.

¿Cómo has funcionado, en estas áreas, durante los últimos siete días?

Engloba, dentro un círculo, el número que más se adapte a tu respuesta

Engloba, dentro un círculo, el número que más se adapte a tu respuesta	Ningún día	Varios días	Más de la mitad de los días	Casi a diario
1. He estado interesado en hacer cosas	0	1	3	5
2. Me he sentido optimista, activo y esperanzado.	0	1	3	5
3. He dormido bien y me he despertado descansado.	0	1	3	5
4. He tenido mucha energía.	0	1	3	5
5. He sido capaz de concentrarme en tareas y de ser disciplinado.	0	1	3	5
6. He estado sano, he comido bien, he hecho ejercicio y me he divertido	0	1	3	5
7. Me he sentido bien con mis relaciones, con mi familia y con mis amigos	0	1	3	5
8. Me siento satisfecho con lo que he hecho en casa, en el trabajo y en la escuela.	0	1	3	5
9. Estoy a gusto con mi situación económica	0	1	3	5
10. Me siento bien con el fundamento espiritual de mi vida	0	1	3	5
11. Estoy satisfecho con la dirección que sigue mi vida	0	1	3	5
12. Me siento pleno, con una sensación de bienestar y de paz mental	0	1	3	5
Puntuaciones totales por columna	______	______	______	______

Puntuación total ______

5

TRABAJAR PARA SUPERAR EL TEPT

Durante el último mes has aprendido una serie de herramientas fundamentales para conectar tu mente con tu cuerpo y has empezado también a curar tu TEPT. En lo que queda de cuaderno centraremos nuestra atención en los síntomas del TEPT que empobrecen tu calidad de vida.

El gráfico que presentamos en la Figura 5.1 ilustra lo que puede ocurrir con tus pensamientos. En el bucle superior del sistema de identidad, el pensamiento se convierte en un requisito que activa el ciclo depresor-corrector. Y esto obstaculiza el funcionamiento de tu mente y de tu cuerpo y te lleva, a su vez, a sentir y actuar de un modo limitado (cuerpomente disfuncional).

La parte inferior de la figura ilustra el funcionamiento del *bucle natural*, en el que tus pensamientos y acciones están libres del sistema de identidad. Se trata de un estado unificado, en el que experimentas armonía y equilibrio y te permite vivir tu vida del mejor modo posible. No importa quién seas ni lo que hayas atravesado porque, aquí y ahora, siempre puedes experimentar y expresar tu yo verdadero. Tu yo verdadero siempre está presente, sin depender de ninguna imagen idealizada ni de la capacidad de imitar una buena conducta. El bucle natural, del mismo modo, no es algo a lo que debamos aspirar, porque siempre está con nosotros y lo experimentamos automáticamente en el mismo momento en que se desactiva nuestro sistema de identidad. Ahí es, precisamente, donde radica su capacidad para curar el TEPT.

El *bucle del sistema de identidad* mantiene el funcionamiento de los síntomas del TEPT. En este caso, tu mente y tu cuerpo se llenan de ruido y tensión corporal y esa contracción de la conciencia afecta al modo en que piensas, sientes, ves el mundo y actúas, limitando la capacidad de curarte a ti mismo. No es la experiencia traumática la que te sume en el bucle del sistema de identidad, sino algún requisito relacionado con el trauma que lo activa.

Este capítulo te enseñará a identificar cualquier requisito que tengas con respecto a ti mismo, los demás y las situaciones. Cuanto más sumido te halles en el bucle del funcionamiento natural, más rápida y fácilmente reconocerás y desactivarás tus requisitos. *Desactivar un requisito* significa simplemente reconocerlo, tener una experiencia «¡Ajá!» al respecto y a continuación abandonarlo. Esto es algo que sólo sucede en tiempo real, es decir, durante la actividad o situación. Y el uso continuo de las prácticas de conexión corpomental te ayudan a vivir la vida desde el bucle autocurativo natural.

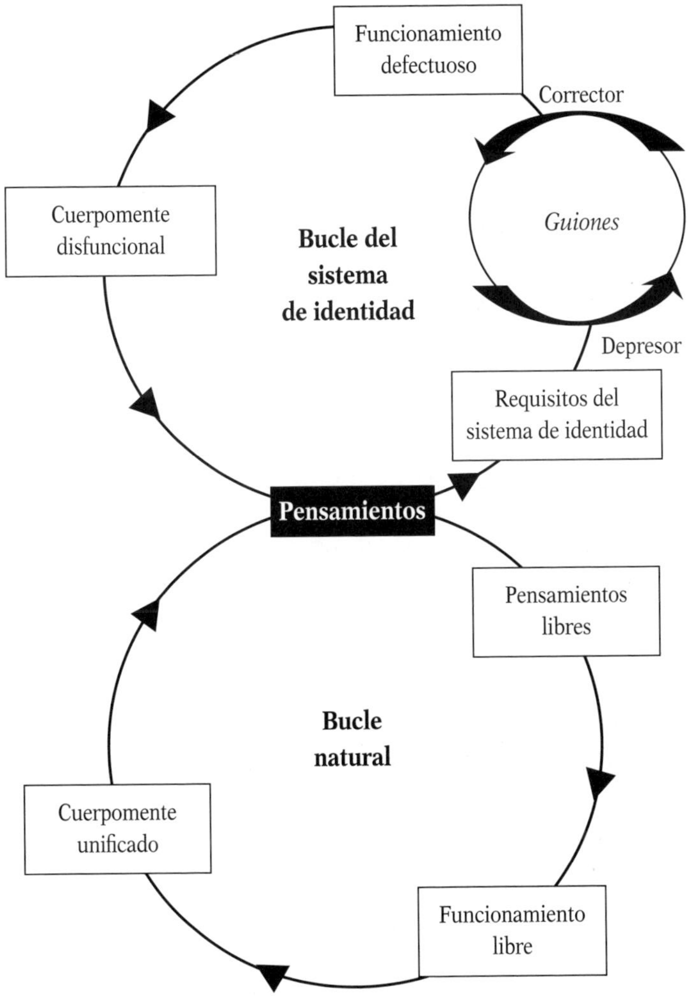

Figura 5.1. Bucle del sistema de identidad y bucle natural

El bucle natural no es sólo un derecho inalienable al que siempre podemos acceder, sino el lugar en el que experimentamos nuestro yo verdadero, el lugar en el que tiene lugar la curación. Son los requisitos sobre ti mismo y el mundo los que acaban encerrándote en el bucle del sistema de identidad, el lugar en el que la conmoción corpomental provocada por el sistema de identidad afecta a tu vida manteniendo los síntomas del TEPT.

DÍA UNO FECHA: ____________________

John trabaja en un almacén de recambios de automóvil. Cuando, durante su segundo día de trabajo, un compañero le preguntó cuántas personas había matado en Irak, pensó indignado: «¿Qué diablos se creerá éste para preguntarme esas cosas? Nadie debería preguntarle a un veterano de guerra el número de personas que ha matado». Cuando su mente empezó a recordar las situaciones que, durante la guerra, se había visto obligado a atravesar, apretó los dientes y su cuerpo empezó a tensarse. La pregunta de su compañero activó el requisito de que «nadie debería preguntarme nada sobre la guerra», activando su sistema de identidad. Entonces sacudió la cabeza y se alejó muy enfadado. Y, mientras lo hacía, iba murmurando sus guiones: «Nadie debería formular este tipo de preguntas. Yo serví con honor a mi país. Este tipo no tiene la menor idea de lo que Irak significó y de lo difícil que me ha resultado volver a casa». Una vez que se ha visto activado por un requisito, el ciclo depresor-corrector moviliza el sistema de identidad. El depresor se aferra entonces a cualquier pensamiento sobre Irak que aparece en nuestra mente, elabora con él una historia y genera un estado corpomental lleno de dolor. En ese momento es cuando el corrector, motivado por la tensión, pone en marcha, en un intento de liberar ese estado emocional doloroso, acciones impulsivas. En el momento en que John llegó al almacén, los signos y síntomas de un ataque agudo de estrés eran ya evidentes. Su cabeza funcionaba a toda velocidad, centrado en sí mismo y sumido en el enojo, con el cuerpo tenso y el rostro completamente desencajado. Entonces buscó a la persona que tan desconsiderada se había mostrado y, cuando se acercó a ella, su visión se estrechó, sus ojos resplandecieron y su mente se ofuscó. Y, cogiendo a su compañero del brazo, John le gritó: «¡Que sea la última vez que me preguntas eso!» clavando en él su mirada, antes de soltarle, unos instantes. A través de ese tipo de actos agresivos el corrector trata de solucionar los problemas generados por el depresor.

1. Obsérvate en aquellos momentos en que, durante el día, te sientas molesto, tenso, irritable o desbordado o experimentes el estallido de algún síntoma TEPT.

Situación	Requisitos	Qué ha sucedido
El estúpido comentario de Erik me ha molestado	*Erik no debería hacer comentarios estúpidos*	*No reconocí los requisitos y me sentí mal durante todo el día*

2. Elabora un mapa que incluya todas las experiencias molestas que hayas vivido hoy provocadas por la conducta de otra persona. Anota esa conducta en la parte superior del mapa (como, por ejemplo, «mi jefe me ha mentido») y escribe a continuación, en el centro de la figura adjunta, el modo en que querrías que esa persona hubiese actuado (como, por ejemplo, «mi jefe no debería mentir»). Dedica luego cinco minutos a anotar, en torno a ella, todo lo que se te ocurra sobre la conducta de la persona. Describe posteriormente tus tensiones corporales.

MAPA DE LA EXPERIENCIA PERTURBADORA

Conducta de otra persona:

Tensión corporal:

a. ¿Está tu cuerpo tenso? Sí —— No ——

b. ¿Está tu mente sumida en el ruido? Sí —— No ——

c. ¿Se debe, tu malestar, a la conducta de otra persona? Sí —— No ——

d. ¿Se debe, tu malestar, al requisito que has anotado en el interior de la figura? Sí —— No ——

Si crees que tu malestar es el fruto de la conducta de otra persona, estás convirtiéndote en una víctima de las circunstancias. Mientras *sigas sin reconocer* que el modo en que quieres que la otra persona actúe es *tu* requisito, permanecerás sumido en el bucle del sistema de identidad y te sentirás mal. El simple reconocimiento del requisito desencadena un espectacular cambio físico y mental que te lleva a dejar de ser víctima de las circunstancias.

3. Experimenta por ti mismo si eres o no víctima de las circunstancias. Anota seguidamente la misma conducta y escribe, en el interior de la figura, el modo que querrías que la otra persona se comportase. Escucha, antes de seguir adelante, los sonidos del entorno, siente la presión de tu cuerpo en la silla, siente el apoyo de las plantas de los pies en el suelo y siente el bolígrafo que sostienes en la mano. Y, cuando te sientas más centrado, sigue sintiendo el bolígrafo y empieza a escribir. Observa el rastro dejado por la tinta en el papel, sin dejar de escuchar los sonidos procedentes del entorno.

MAPA DE EXPERIENCIA PERTURBADORA CON CONEXIÓN CORPOMENTAL

Conducta de la otra persona:

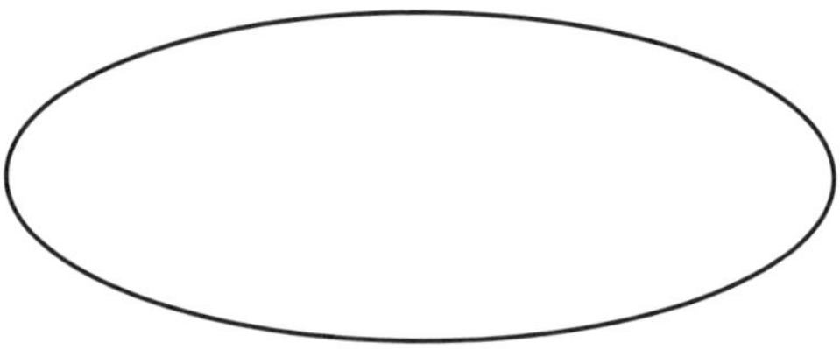

a. ¿En qué difiere, este mapa, del anterior?

b. ¿Eres víctima de las circunstancias? Sí —— No ——

¿Te das cuenta ahora de que la afirmación contenida en la figura del mapa anterior activaba al sistema de identidad y era, en consecuencia, un requisito? En este mapa, sin embargo, la afirmación *no* es un requisito, sino un pensamiento natural, porque tu sistema de identidad está desactivado, con lo que la tensión corporal y el ruido mental se han reducido considerablemente. Ahora estás en condiciones de enfrentarte a la situación con una mente tranquila y un cuerpo relajado. Y aunque el ejercicio de conexión corpomental no haya erradicado tus expectativas naturales sobre el modo en que la gente debería comportarse, sí te ha liberado de los estragos provocados por tus requisitos. Y todo ello te prepara para curarte a ti mismo y enfrentarte de un modo más activo y confiado a las circunstancias que la vida te depare.

DÍA DOS **FECHA:** ____________________

Rita, que fue brutalmente violada hace cuatro años, tenía miedo a los flashbacks porque, cada vez que los experimentaba, se veía desbordada. Esa situación la llevó a entrar en un grupo de mujeres que trabajaban en función de a los principios expuestos en este cuaderno de trabajo. Utilizando las herramientas de conexión corpomental, reconoció que su requisito era el de que «no debería experimentar flashbacks». Y, cuando luego preguntó «¿cómo puede el conocimiento de mis requisitos acabar con los flashbacks?», la líder del grupo le explicó que un flashback es una reviviscencia de la herida sin curar provocada por el evento traumático, razón por la cual el ejercicio del aquietamiento del sistema de identidad aumenta las probabilidades de curación. Al cabo de un par de semanas, según dijo, el número de flashbacks no sólo se había reducido sino que «la situación ya no me desbordaba tanto y tampoco me sentía tan sucia, dolida y maltratada». El uso de las prácticas de conexión corpomental le permitió experimentarse de un modo nuevo y expandido que le llevó a concluir «ahora soy más grande que mis flashbacks».

1. Anota cualquier situación que te haga sentir mal, tenso, irritado, ansioso o desbordado o desencadene los síntomas del TEPT. Date cuenta de que lo que «causa» tu malestar no es el evento, sino un requisito subyacente del que no eres consciente. Es por ello que el reconocimiento de ese requisito provoca cambios tan importantes en tus pensamientos, tus acciones y los síntomas de tu TEPT.

Situación	Cómo has abordado la situación	Requisitos sin cumplir
Mi esposa me dijo que nunca cambiaré	*Yo le grité «¡Vete al infierno!» y no le dirigí la palabra en todo el día*	*Mi esposa debe aceptarme*
No puedo encontrar las llaves de mi coche	*Estoy cansado de buscarlas y deprimido*	*Tengo que saber dónde dejo las llaves del coche*

2. Haz un mapa completando la siguiente frase «Hoy en día mi crisis es…». Elige la situación del estadillo anterior que más crítica te resulte y anótala en el interior de la siguiente figura. Dedica tres o cuatro minutos a tomar nota de todos los pensamientos que, al respecto, acudan a tu mente. Escribe luego tus tensiones corporales.

HOY MI CRISIS ES…

Tensión corporal:

¿Se intensificaron, durante la crisis, los síntomas de tu TEPT?

Sí ______ No ______

Identifica los requisitos de tu mapa (si, por ejemplo, tu crisis actual es «no tengo dinero para pagar mis deudas», tu requisito podría ser «debería tener dinero para pagar mis deudas»).

La maquinaria de conmoción de tu sistema de identidad te ha hecho sentir angustiado, amargado, enfadado y desesperanzado y te ha llevado a creer que, de hallarse en tu misma situación, todo el mundo se sentiría igual. Pregúntate ahora: «¿No basta acaso con que mi cuenta corriente esté en números rojos? ¿Por qué debo permitir que mi sistema de identidad desencadene un terremoto personal, limitando mi capacidad natural de enfrentarme a los problemas económicos?». Tú no tienes ningún control sobre la crisis económica actual ni sobre la conducta de los demás. Lo único que puedes hacer es desactivar *tus* requisitos y curar así tu TEPT.

3. Haz otro mapa de la misma crisis pero apelando, en esta ocasión, a las prácticas de conexión corpomental. Anota, en el interior de la figura, la crisis en cuestión. Escucha, antes de seguir escribiendo, los sonidos procedentes del entorno, siente la presión de tu cuerpo en el asiento, siente el apoyo de la planta de los pies en el suelo y siente el bolígrafo que sostienes entre los dedos. Sigue sintiendo, una vez te hayas asentado, el bolígrafo en la mano y escribe tus pensamientos durante unos pocos minutos. Observa el rastro dejado por la tinta en el papel y escucha los sonidos procedentes del entorno.

HOY EN DÍA MI CRISIS ES...

a. ¿Qué diferencia existe en el estado de tu cuerpomente entre ambos mapas?

b. ¿Qué estado corpomental te permite gestionar más adecuadamente la crisis?

c. ¿Te das cuenta de que no es el evento el que te hace sentir mal, sino tu sistema de identidad?

Ahora ya sabes que no es el evento, sino el sistema de identidad, el que genera tu malestar e impide que te cures. Esta actividad también evidencia el poder de la práctica de conexión corpomental. Apela pues, cuando sientas tensión corporal, a las herramientas de conexión corpomental que te permitan abrir el espacio emocional necesario para desactivar los requisitos que suelen acompañar a tus actividades cotidianas.

Pasos para reconocer y desactivar los requisitos

El estallido de los síntomas del TEPT o el hecho de sentirte estresado y desbordado apuntan a la existencia de un requisito oculto del que todavía no eres consciente. Utiliza los siguientes pasos para reconocer y desactivar los requisitos:

1. Ejercita tus habilidades en situaciones sencillas –mientras esperas en un semáforo en rojo, cuando la llamada telefónica que estás realizando se corta de continuo o cuando estás tratando con un dependiente maleducado, por ejemplo– y pasa luego gradualmente a emplearlas a situaciones y relaciones más complejas.
2. Cobra conciencia de los primeros signos de activación de tu sistema de identidad (reconociendo, por ejemplo, determinadas tensiones corporales o advirtiendo la actividad del depresor, del corrector o de los guiones), dejando que pongan de relieve el requisito subyacente.
3. Utiliza las prácticas de establecimiento de la conexión corpomental y etiquetado de los pensamientos para interrumpir la maquinaria de conmoción de tu sistema de identidad e identificar claramente el requisito subyacente. Reconoce que lo que te genera malestar *no* es la actividad, la persona ni la situación, sino *tu* requisito subyacente al respecto.
4. Interpreta cualquier liberación (gradual o súbita) como una desactivación del requisito que la originaba. Así es como lo que parecía una hecatombe acaba convirtiéndose en una decepción más manejable. Describe lo que ocurre cuando utilizas tus herramientas de conexión corpomental para desactivar, en una situación crítica, tus requisitos. Veamos a continuación un ejemplo de algo que escribió una cliente:

   Cuando, hace poco, supe me que mi hijo de doce años fumaba, me enfadé, le grité y hasta le amenacé, lo que acabó provocándome una migraña. Cuando más tarde me enteré de que seguía fumando, sentí mi mandíbula tensa, un indicador que me permitió advertir la activación de mi sistema de identidad. Luego escuché el ladrido de los perros de la calle, lo que me permitió sentirme más tranquila y me ayudó a darme cuenta de mi requisito («mi hijo de doce años no debería fumar»). Era claro que era *mi* requisito, que no su conducta, el que me generaba un estrés añadido. Y, aunque todavía sigo decepcionada con mi hijo, ya no me provoca ninguna conmoción. Ahora puedo tranquilizarme lo suficiente como para discutir la situación con él... y debo decir que estamos ganando terreno al problema.

En el recipiente mayor de tu yo verdadero expandido (ver Figura 1.1), tu cuerpo se asienta, su pensamiento se aclara y aparecen alternativas. Entonces puedes decir que estás curando los síntomas de tu TEPT.

DÍA TRES **FECHA:** ____________________

1. Centra tu atención, a lo largo del día, en tus relaciones. Date cuenta de la aparición de cualquier síntoma que ponga en marcha tu sistema de identidad, como tensión corporal, ruido mental y actividad del depresor-corrector. ¿Qué ha hecho la persona que ha activado tu sistema de identidad? ¿Cómo has reaccionado? ¿Reconoces la presencia de requisitos ocultos?

a. Observa, en tu mundo relacional, los signos que indiquen la activación de tu sistema de identidad.

Conducta de otra persona	Tu reacción o tu conducta	Tus requisitos
Kim no ha querido hablarme. Se mostraba muy distante	*Fuerte opresión en el pecho, mucho diálogo interno negativo y me he marchado de casa dando un portazo*	*Kim debería hablarme cuando quiero, Kim no debería mostrarse distante*

b. ¿Estás dispuesto, ahora que sabes que tus problemas no se derivan tanto de la conducta de otra persona como de tu requisito, a desactivar los requisitos que adviertas en tu vida cotidiana?

Sí ______ No ______

Desactivar los requisitos y curarte a ti mismo son dos cosas que van de la mano.

2. Haz un mapa de los requisitos. Elige, del último estadillo cumplimentado, a alguien cuya conducta desencadene tus síntomas TEPT o te genere desasosiego. Escribe el nombre de esa persona en el interior de la figura adjunta. Anota luego, en torno a ella, el requisito que quieres que esa persona cumpla («R»). Escribe luego, bajo cada requisito, los pensamientos («P») que tienes cuando la persona no satisface tu requisito. Y anota, por último, bajo cada pensamiento, la tensión corporal («TC») que adviertas cuando la otra persona *no* satisface ese requisito. Tómate el tiempo que necesites para cumplimentar este mapa. Echa luego un vistazo al mapa de muestra que presentamos a continuación.

MAPA DE REQUISITOS

MIS REQUISITOS PARA
LAS RELACIONES SON

____

a. ¿Cómo actúas, desde este estado corpomental?

____

b. ¿Crees que el malestar que ahora experimentas obstaculiza tu capacidad para superar el TEPT?

Sí ______ No ______

c. ¿Qué sucede cuando utilizas tus prácticas de conciencia de la conexión corpomental y etiquetado del pensamiento para poner de manifiesto tus requisitos con respecto a las relaciones?

____

____

____

MAPA DE MUESTRA DE LOS REQUISITOS

(R) *Él tendría que hacer más cosas en casa*
(P) *Yo lo hago todo y me siento enfadada cuando nadie me lo agradece*
(TC) *Opresión en el pecho*

(R) *Deberíamos salir una vez por semana*
(P) *Me siento frustrada e ignorada*
(TC) *Dolor de cabeza*

(R) *Debería agradecer mis esfuerzos*
(P) *No puedo soltarme; tengo que relajarme*
(TC) *Hombros tensos*

REQUISITOS EN
MIS RELACIONES

____

(R) *Debería agradecérmelo más*
(P) *Siento que no me considera*
(TC) *Opresión en el pecho*

(R) *Debería valorarme más*
(P) *¿Por qué no me valora?*
(TC) *Dolor de estómago*

(R) *Ella debe prestarme atención cuando estoy presente*
(P) *Me siento enfadado y descuidado*
(TC) *Tensión en el estómago*

(R) = Requisitos
(P) = Pensamientos sobre los requisitos sin cumplir
(TC) = Tensión corporal

3. Escribe, en el interior de la figura adjunta, el nombre de la persona del mapa anterior. Elige luego el requisito cuyo incumplimiento más te moleste (como, por ejemplo, «debería respetarme») y anótalo a continuación. Luego escribe, en torno a la figura, tus pensamientos, describiendo el modo en que te sentirías en el caso de que la persona *satisficiera* ese requisito. Sé lo más detallado que puedas. Si el requisito elegido es, por ejemplo, «debería respetarme», quizás escribas «no debería levantarme la voz», «si llega tarde debería avisarme», «debería consultar conmigo cualquier decisión importante antes de tomarla» o «tendría que mostrarse más amable con mi familia».

   Requisito que más me importa:

a. ¿Crees realmente que esto ocurrirá?

   Sí ______ No ______

b. ¿Te aclara este mapa la inutilidad de tratar de satisfacer tus requisitos?

   Sí ______ No ______

c. ¿No te das cuenta de que son tus requisitos sobre el modo en que la otra persona debería actuar los que están provocando tu malestar?

   Sí ______ No ______

d. ¿Qué es lo que sucede cuando, apelando a tus prácticas de conciencia de la conexión corpomental y etiquetado del pensamiento, vuelves a los requisitos?

____

____

La liberación de la tensión muscular pone de relieve que, cuando la situación vuelva a presentarse, estarás en mejores condiciones para desactivar tus requisitos.

e. ¿Puedes ver el modo en que esto cambiaría tu relación y te ayudaría a curarte a ti mismo?

Sí ______ No ______

DÍA CUATRO **FECHA:** ____________________

1. Presta atención, durante el día, a tus relaciones más problemáticas. Advierte la presencia de cualquier indicio de activación del sistema de identidad (como tensión muscular, ruido mental, movilización de guiones o la actividad del depresor-corrector).

a. ¿Cuál fue, cuando percibiste los signos de activación de tu sistema de identidad, la conducta de la otra persona? *Ejemplo: Kim se mantuvo distante.*

____

____

b. ¿Cómo has reaccionado? ¿Cuál ha sido tu conducta? Ejemplo: *He experimentado una intensificación de la opresión en el pecho y me he dado cuenta de la presencia de un diálogo interno negativo. Luego he sentido el apoyo de los pies en el suelo y me he tranquilizado. Finalmente me he sentido bien quedándome en la misma habitación que ella.*

____

____

c. ¿Qué guiones reconoces? *Ejemplo: No me quiere.*

____

____

d. Enumera los requisitos que hayas reconocido. *Ejemplo: Kim siempre debería mostrarse afectuosa conmigo.*

____

____

____

____

e. ¿Se desactiva, cuando te enfrentas a una situación que solía desconectar tu sistema de identidad, algún requisito? Enuméralos. *Ejemplo: Antes, cuando Kim se mostraba fría, me sentía mal, muy mal y me marchaba de casa dando un portazo. Hoy en día me doy cuenta de que eran mis requisitos los que me hacían sentir mal. Ahora me quedo en casa y vemos la televisión.*

2. Haz un mapa de los requisitos. Anota, en el centro de la figura adjunta, el nombre de la persona que más siga molestándote. Anota de nuevo, en torno a la figura, tus requisitos con respecto al modo en que esa persona actúa. Anota luego, bajo cada requisito, cualquier tensión corporal que adviertas cuando la persona no satisface tu requisito.

MIS REQUISITOS PARA:

____

a. ¿Está tu mente ruidosa o silenciosa?

____

b. ¿Está tu cuerpo tenso o relajado?

____

____

c. ¿Cómo actúas desde ese estado corpomental?

____

____

____

____

____

Tus requisitos sobre el modo en que las personas deben actuar son los que mantienen tu TEPT y obstaculizan tu curación.

3. Haz otro mapa de los requisitos pero apelando, en esta ocasión, a las prácticas de conciencia de la conexión corpomental. Escribe, en el centro de la figura adjunta, el nombre de la persona en cuestión. Escucha, antes de seguir escribiendo, los sonidos procedentes del entorno, siente la presión del cuerpo sobre el asiento, siente el apoyo de las plantas de los pies en el suelo y el bolígrafo que sostienes entre los dedos. Sigue sintiendo, una vez que te hayas centrado, el bolígrafo entre los dedos y empieza a escribir cualquier pensamiento que se te ocurra sobre lo que la persona debería estar haciendo. Observa el rastro que deja la tinta sobre el papel, mientras sigues escuchando los sonidos procedentes del entorno.

MIS REQUISITOS PARA:

____

Observa las diferencias existentes entre ambos mapas:

a. ¿En qué difieren, los pensamientos que has anotado en este mapa sobre el modo en que la persona debe actuar, de los que habías anotado en el mapa anterior?

____

b. ¿Qué sensaciones corporales adviertes cuando imaginas que la persona no ha logrado satisfacer los requisitos anotados en este mapa?

____

La ausencia de tensión corporal significa que el pensamiento en cuestión no es un requisito.

c. ¿Cómo actúas, desde este estado corpomental?

____

____

d. ¿Estás dispuesto a desactivar, en tiempo real, los requisitos enumerados en el mapa anterior? Sí ______ No ______

Este ejercicio te permite advertir que lo que te genera malestar no es tanto la conducta de la otra persona, como tu sistema de identidad.

DÍA CINCO **FECHA:** ____________________

El simple hecho de reconocer un requisito empieza a cambiar tus pensamientos y tus acciones, al tiempo que abre las puertas a la curación. El ejercicio de hoy tiene que ver con el reconocimiento y desactivación de los requisitos adicionales que tengas con respecto a los demás y a las situaciones. Vale la pena centrarse, al trabajar con los requisitos más difíciles de desactivar, en conductas y situaciones más pequeñas. En lugar de abordar, por ejemplo, una conducta general como «mi jefe no me valora», fragméntala en conductas más pequeñas y concretas como «el modo en que me mira», «el modo en que sonríe a los demás», «el tono crítico de su voz» o «las palabras duras que utiliza», lo que te permitirá reconocer requisitos más concretos como, por ejemplo, «debería tratarme con más amabilidad», «debería sonreírme» y «debería hablarme de un modo más amable». Utiliza luego las prácticas de conciencia de la conexión corpomental con cada uno de estos diferentes requisitos. Y no olvides que, después de haber reconocido un requisito, deberás desactivarlo.

1. ¿Qué es lo que hoy has visto?

¿Puedes enfrentarte a la misma situación sin angustiarte demasiado y apelando al funcionamiento natural? Lo que aquí está en juego no son sólo tus relaciones, sino la capacidad de curar tu TEPT.

2. El objetivo del mapeo consiste en reconocer la actividad de tu sistema de identidad. Deja, en el siguiente mapa, que tu sistema de identidad «se dispare», una forma muy adecuada de poner de manifiesto tus requisitos. Haz un mapa sobre alguna situación que hoy te moleste. Anota esa situación en el interior de la figura y dedica unos cuantos minutos a consignar tus pensamientos al respecto. Toma luego nota de las tensiones corporales que adviertas.

MAPA DE LA SITUACIÓN

Tensión corporal:

a. ¿Está tu mente ruidosa o silenciosa?

b. ¿Está tu cuerpo tenso o relajado?

c. Identifica tus requisitos:

d. ¿Cómo actúas, desde ese estado corpomental?

3. Haz otro mapa anotando, en el interior de la siguiente figura, la misma situación. Escucha, antes de seguir escribiendo, los sonidos procedentes del entorno, siente la presión de tu cuerpo en el asiento, siente el apoyo de las plantas de los pies en el suelo y siente el bolígrafo que sostienes entre los dedos. Y sigue sintiendo, una vez que te hayas asentado, el bolígrafo en la mano y empieza a tomar nota de los pensamientos que acudan a tu mente. Observa el rastro dejado por la tinta en el papel y escucha los sonidos procedentes del entorno.

MAPA DE LA SITUACIÓN CON CONEXIÓN CORPOMENTAL

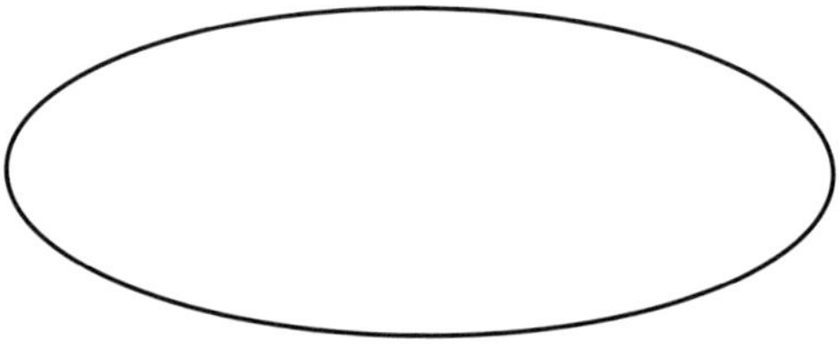

a. ¿Está tu mente ruidosa o silenciosa?

b. ¿Está tu cuerpo tenso o relajado?

c. Advierte la diferencia existente entre ambos mapas:

   i. ¿Eres ahora consciente de que no es el evento, sino tu sistema de identidad, el que te hace sentir mal? Sí ______ No ______

   ii. ¿Confías en tus habilidades de conexión corpomental? Sí ______ No ______

Vuelve atrás, en el caso de que tu respuesta a la última pregunta haya sido negativa y revisa las herramientas que hayas ejercitado durante el Día Dos de este capítulo.

DÍA SEIS **FECHA:** ____________________

Reconoce y desactiva tus requisitos dondequiera aparezcan.

1. Diferencia las prácticas de conexión corpomental que funcionan de las que no.

____

____

____

____

____

____

____

____

2. Enumera los requisitos que hayas podido desactivar y haz lo mismo con los que no hayas podido desactivar.

He podido desactivar	No he podido desactivar

3. Haz un mapa, lo más concreto posible, del aspecto que tendría tu mundo si tus requisitos se vieran satisfechos. Por ejemplo, «mi esposa debería cuidarme siempre», «Jason no debería ser tan estúpido», «mi vecino tendría que ocuparse de sus asuntos», «mis colegas deberían ocuparse de sus cosas». Puede ser útil, para ello, tener en cuenta la lista que acabas de hacer de las cosas que no has podido desactivar.

¿QUÉ ASPECTO TENDRÍA MI MUNDO SI MIS REQUISITOS SE VIESEN SATISFECHOS?

Observaciones:

Por más que tu esposa, tu jefe, tu amigo o tu vecino cumplan con tus requisitos, siempre habrá requisitos sin satisfacer porque, para tu sistema de identidad, «nunca hay suficiente». Desactivar los requisitos es una habilidad que te servirá a lo largo de toda la vida.

DÍA SIETE **FECHA:** ____________________

1. Haz un mapa sobre una situación que te haya molestado. Consigna la situación en el interior de la figura adjunta y anota también, a su alrededor, los pensamientos que, al respecto, se te ocurran. Describe a continuación tu tensión corporal.

MAPA DE LA SITUACIÓN

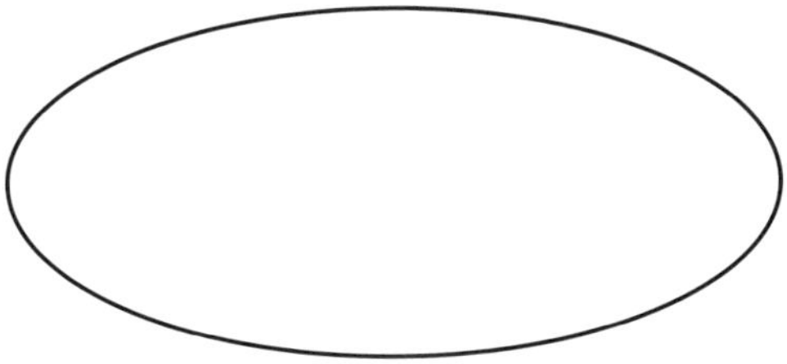

Tensión corporal

____

____

a. ¿Cómo te enfrentas a esa situación?

____

____

b. ¿Cuáles son tus requisitos?

____

____

Revisa lentamente los diferentes ítems de tu mapa y tus requisitos mientras utilizas tu práctica favorita de conciencia de la conexión corpomental y etiquetado de los pensamientos. Date cuenta de lo que sucede. ¿Crees que ahora estás en mejor posición para desactivar tus requisitos y enfrentarte, en el futuro, a una situación similar, sin angustiarte por ello? Sí _____ No _____

2. Elabora un mapa de lo que sucedería si renunciases a todos tus requisitos sobre los demás. Anota luego también, durante un par de minutos, los pensamientos que, al respecto, se te ocurran, en torno a la figura.

¿QUÉ SUCEDERÍA
SI RENUNCIASE A
TODOS MIS REQUISITOS
SOBRE LOS DEMÁS?

a. ¿Te hace sentir, la máquina de conmoción de tu sistema de identidad, débil, temeroso y creyendo que perderás el control de tu vida? Sí ______ No ______

b. Describe el nivel de tensión corporal asociado a cada ítem, utilizando Ø para ninguno, + para mínimo, ++ para moderado y +++ para severo. Echa luego un vistazo al mapa que presentamos a continuación y enumera los ítems que van acompañados de tensión corporal y sus requisitos subyacentes.

Ítems con tensión corporal	**Requisitos**

EJEMPLO DE MAPA SIN REQUISITOS

Estoy desamparado +++

No haré nada bien +++

Bill se aprovechará de mi +++

¿QUÉ SUCEDERÍA SI RENUNCIASE A TODOS MIS REQUISITOS SOBRE LOS DEMÁS?

Mary descubrirá mi debilidad +++

Dispondré de más tiempo Ø

Ítem con tensión corporal	**Requisitos**
Estoy desamparado +++	*Debería estar protegido*
No haré nada bien +++	*Debería hacer las cosas bien*
Bill me aventajará +++	*Bill no debería aprovecharse de mí*
Mary me verá débil +++	*Mary no debería verme débil*

3. Haz de nuevo el mapa pero apelando, en esta ocasión, a tus prácticas de conciencia de la conexión corpomental. Escucha, antes de comenzar a escribir, los sonidos procedentes del entorno, siente la presión de tu cuerpo en el asiento, siente el apoyo de la planta de los pies en el suelo y siente el bolígrafo que sostienes en la mano. Luego sigue sintiendo, una vez que te hayas centrado, el bolígrafo en la mano y empieza a anotar tus pensamientos, observando el rastro que deja la tinta sobre el papel y escuchando los sonidos del entorno.

¿QUÉ SUCEDERÍA SI RENUNCIASE A TODOS MIS REQUISITOS SOBRE LOS DEMÁS?

¿Qué diferencias adviertes entre ambos mapas?

¿No te queda cada vez más claro que los requisitos son destructivos tanto para ti como para tu mundo? Los requisitos paralizan tu capacidad de curar tu TEPT y de relacionarte eficazmente con los demás y con la situación. Cuando te familiarizas con tu sistema de identidad, tu yo verdadero puede responder de un modo activo, atento y asertivo a las personas y situaciones en las que estés implicado. Entonces serás capaz de abordar cada momento con pleno acceso a tu propio manantial de curación, bondad y sabiduría.

Escala CMC de evaluación semanal
Trabaja para superar tu TEPT

Fecha: ____________________

¿Cómo ha funcionado, durante la pasada semana, tu práctica? Escoge, de entre las siguientes, la valoración que más se adapte a tu caso: casi nunca, ocasionalmente, habitualmente o casi siempre.

¿Con qué frecuencia...	Casi nunca	Ocasionalmente	Habitualmente	Casi siempre
te has dado cuenta de que tus requisitos siempre desencadenan tu sistema de identidad y obstaculizan tu funcionamiento y tu curación?				
has comprendido que los requisitos de los que no eres consciente te provocan problemas cotidianos?				
evitas sentirte mal desactivando un requisito?				
has visto que tus requisitos te atrapan y mantienen en funcionamiento tu TEPT?				
has advertido una reducción de los síntomas de tu TEPT?				
has experimentado el yo dañado como un mito de tu sistema de identidad?				
has reconocido el funcionamiento natural?				
te has dado cuenta de que lo único que necesitas hacer para actuar desde tu yo verdadero es sosegar tu sistema de identidad para que, de ese modo, se ponga en marcha el funcionamiento natural?				
has advertido la liberación de tensión y el exceso de impulso cuando te familiarizas conscientemente con el corrector?				
te has sentido conectado con una fuente de curación, bondad y sabiduría?				
has contemplado aspectos de tu yo verdadero desde una nueva perspectiva?				
te has dado cuenta de que tus relaciones han mejorado?				
funcionas mejor en casa y en el trabajo?				
te enfrentas más adecuadamente a las situaciones críticas?				

Enumera los requisitos que más problemas solían generarte, pero desactívalos ahora liberando la tensión de tu sistema de identidad y funcionando naturalmente:

6

LA CURACIÓN DE LAS CREENCIAS NEGATIVAS SOBRE UNO MISMO PROVOCADAS POR EL TRAUMA

Es natural que, después de atravesar una experiencia traumática, uno piense «podría haber hecho más», «nunca volveré a ser el mismo» y «¿por qué ha tenido que sucederme a mí?». Ten en cuenta que, al alimentar el diálogo interno negativo, tu sistema de identidad esboza guiones repetitivos que saturan de negatividad tu cuerpo e intensifican, a la larga, el desasosiego físico y mental. Es por ello que acabas creyendo que el trauma o el modo en que actuaste durante la crisis te han provocado algún daño.

Una *creencia negativa* es un estado corpomental disfuncional cargado de pensamientos negativos sobre la experiencia traumática. La única razón que explica la persistencia de las creencias negativas que sobre ti tienes descansa en los requisitos que, al respecto, sigues albergando. Y es que, cuando el sistema de identidad descansa y el yo verdadero se hace cargo de la situación, las creencias negativas no pueden perdurar mucho tiempo.

En el último capítulo descubrimos que los requisitos que el mundo no satisface generan aflicción. En el presente capítulo, centraremos nuestra atención en los requisitos que, sobre nosotros mismos, albergamos y en el modo de curar las creencias negativas derivadas del trauma que tenemos sobre nosotros mismos.

Son los requisitos que te autoimpones los que te impiden ser quien realmente eres y curar tu TEPT. Como veremos, sin embargo, en el siguiente ejercicio, existe una diferencia entre descubrir tus requisitos y desactivarlos. Cuando desactivas los requisitos basados en las creencias negativas que tienes sobre ti, éstos pierden su poder y dejan expedito el camino a la curación.

DÍA UNO **FECHA:** ____________________

Toma nota de todas aquellas situaciones en las que los requisitos autoimpuestos (como, por ejemplo, «tendría que saber la respuesta cuando mi jefe me formula una pregunta», «debería complacer a mi esposa», «no tendría que estar solo» o «no debería equivocarme») te hayan hecho hoy sentir afligido.

1. Enumera tres situaciones en las que los requisitos que te autoimpongas hayan movilizado hoy tu sistema de identidad.

Situación	Requisito respecto a ti mismo	Actividad del depresor-corrector
Esta mañana mi jefe me ha formulado una pregunta	*Cuando mi jefe me formula una pregunta, debería saber la respuesta*	*Depresor: Soy demasiado estúpido* *Corrector: La próxima vez estaré mejor preparado*

Completa ahora, teniendo en cuenta lo que acabas de responder, la siguiente tabla:

Tensión corporal y su localización cuando se satisface el requisito	Tensión corporal y su localización cuando el requisito no se satisface
Ejemplo: «Sé la respuesta» *Garganta contraída, presión en el estómago, manos sudorosas y pies inquietos*	*Ejemplo: «Ignoro la respuesta»* *Calor en el rostro, opresión en el pecho, contracción de la garganta y necesidad de ir al baño*

2. Rellena el siguiente estadillo para cada uno de los requisitos identificados en el paso anterior:

Guiones cuando se satisface el requisito	Guiones cuando el requisito no se satisface
Es un alivio. Ya ha pasado. Mañana será otro día.	*Nunca podré darles todo lo que quieren. El problema es mío, porque no soy lo suficientemente bueno. Siempre pasa lo mismo.*

El sistema de identidad te coloca entre la espada y la pared porque, cuando no logras satisfacer los requisitos que te autoimpones, el depresor toma las riendas y te hace sentir dañado. Y, aun en el caso de que satisfagas los requisitos que te has impuesto, cuando el corrector se hace cargo de la situación nunca tiene, como ya sabes, suficiente. Cuando, no obstante, desactivas los requisitos y tu yo auténtico se hace cargo de la situación, curarás naturalmente las creencias negativas que, sobre ti, albergues y emprenderás, a cada instante, el curso de acción más adecuado.

¿Te das cuenta de que no es cuestión de satisfacer o no determinados requisitos, sino de desactivarlos? Sí ______ No ______

3. Escucha, apelando a tus prácticas de conciencia de la conexión corpomental, los sonidos procedentes del entorno, siente la presión de tu cuerpo sobre el asiento, siente el apoyo de las plantas de los pies sobre el suelo y siente también el bolígrafo que sostienes entre los dedos. Etiqueta, cuando te hayas asentado, tus pensamientos y repasa cada uno de los requisitos enumerados en la primera de las tablas que hoy hayas cumplimentado.

¿Qué es lo que, sobre la conexión entre tu cuerpo y tu mente, evidencia cada uno de tus requisitos?

Requisito uno:

____

____

Requisito dos:

____

____

Requisito tres:

____

____

Herramientas para desactivar los requisitos que te autoimpones

Utiliza, para desactivar ese tipo de requisitos, las siguientes herramientas:

1. Cobra conciencia de los síntomas más tempranos que acompañan a la sobreactivación de tu sistema de identidad (tensión corporal, actividad del depresor y el corrector, guiones), lo que te motivará a descubrir el requisito oculto.
2. Utiliza las prácticas de conciencia de la conexión corpomental y de etiquetado de los pensamientos para interrumpir la conmoción provocada por tu sistema de identidad.
3. Date cuenta de que lo que te perturba *no* es tanto la situación como el requisito que te hayas impuesto a ti mismo (porque no es tanto el hecho de suspender un examen lo que te aflige, como el requisito autoimpuesto de «tener que superar la prueba»).
4. Sabrás que has desactivado un requisito cuando experimentes una liberación de la tensión corporal y del ruido mental. Y, cuando la situación se presente de nuevo, tu yo verdadero estará a cargo y podrás enfrentarte a ella más adecuadamente.

DÍA DOS FECHA: ____________________

1. Cuando los requisitos autoimpuestos quedan sin satisfacer, el sistema de identidad te lleva a sentir fracasado, lo que acaba reforzando las creencias negativas que tienes sobre ti. El ejercicio de hoy se centra en los requisitos que, con respecto a la relación con colegas, parientes, vecinos, dependientes, etcétera, te hayas impuesto (como, por ejemplo, «no debería enfadarme tanto con mi suegra», «tendría que dar un feedback adecuado a mis compañeros de trabajo», «debería mostrarme más cariñoso»).

a. ¿Qué requisitos te impones en tus relaciones? Ejemplo: *Debería ser más cariñoso con María.*

b. ¿Qué efecto tiene en ti cada uno de estos requisitos? Ejemplo: *Tendría que obligarme a ser más cariñoso porque, cuando no lo hago, me siento un mal esposo.*

c. ¿Cómo afectan esos requisitos a tus relaciones? Ejemplo: *Obstaculiza la relación; oscilo entre la despreocupación y el esfuerzo por ser cariñoso.*

2. Enumera, siendo lo más concreto y detallado posible, los requisitos que, sobre las relaciones más importantes, te hayas impuesto (como, por ejemplo, «no debería criticar a Jay cuando llega tarde», «no debería enfadarme con T.J. cuando está cansado» o «debería hacer feliz a Sherri»). ¿Mejoran tus requisitos la relación o, por el contrario, la empeoran?

Requisitos	Mejoran	Empeoran

¿Te sientes, cuando te impones un requisito (como, por ejemplo, «no debería mostrarme crítico ni enfadarme»), presionado o movido a satisfacerlo? ¿Te sientes, en caso de no hacerlo, mal contigo?

3. Haz un mapa de los requisitos que, en tu relación más importante, te autoimpongas. Escribe el nombre de la persona en el interior de la figura adjunta y anota, en torno a ella, los pensamientos que, al respecto, se te ocurran. Ten en cuenta que no hay, en ello, nada correcto ni nada equivocado. Sé lo más concreto posible y escribe rápidamente.

MAPA SOBRE EL MODO EN QUE DEBERÍA COMPORTARME EN MI RELACIÓN MÁS IMPORTANTE

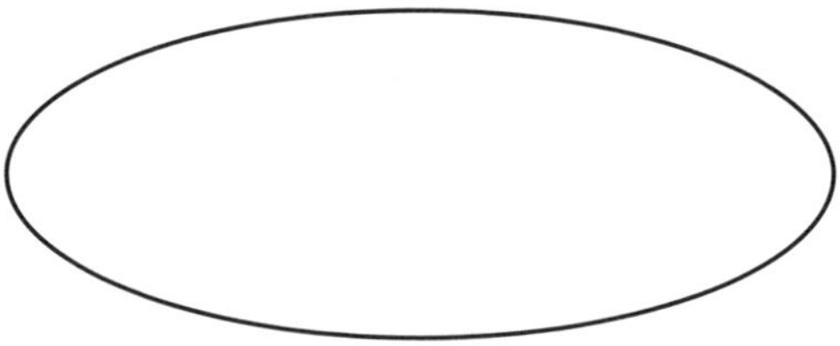

a. Observa cada pensamiento y constata cualquier tensión corporal que experimentes cuando pienses en cumplir el requisito que, al respecto, te hayas impuesto. Observa de nuevo cada ítem y anota la tensión corporal que aparece cuando *no* satisfaces el requisito. Ten en cuenta que los requisitos son aquellos pensamientos que van acompañados de tensión corporal.

b. Tus requisitos mantienen vivas las creencias negativas que albergas sobre ti mismo. ¿Cuáles son esos requisitos?

4. Haz de nuevo el mismo mapa anotando, en el interior de la figura adjunta, el nombre de la persona. Escucha ahora, antes de seguir escribiendo, los sonidos procedentes del entorno, siente la presión de tu cuerpo sobre el asiento y el contacto del bolígrafo con los dedos de la mano. Sigue sintiendo, una vez que te hayas asentado, el bolígrafo que sostienes en la mano y empieza a escribir todos los pensamientos que, sobre esa relación, se te ocurran. Presta atención, mientras escribes, a los sonidos procedentes del entorno, sin dejar de sentir el bolígrafo en la mano y observando el trazo que la tinta deja sobre el papel. Escribe durante tres o cuatro minutos.

MAPA DEL MODO EN QUE DEBERÍA COMPORTARME EN MI RELACIÓN MÁS IMPORTANTE UTILIZANDO LA CONEXIÓN CORPOMENTAL

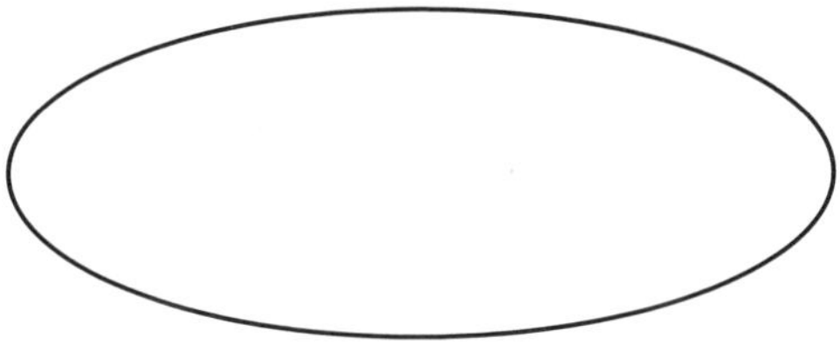

La liberación de la tensión corporal refleja el paso del bucle del sistema de identidad al bucle natural (ver Figura 5.1), desde el que puedes funcionar de un modo más natural. Aunque todavía tengas pensamientos relativos al modo en que deberías comportarte en tus relaciones, la liberación de la tensión corporal te proporciona la suficiente libertad como para relacionarte de un modo completamente diferente.

a. ¿Cómo actúas desde este estado corpomental?

b. ¿Cómo puede ayudarte, el presente mapa, en tus relaciones?

____

____

Cuando tu hiperactivo sistema de identidad se sosiega, te liberas de los requisitos que albergas sobre tu relación más importante y abres nuevas oportunidades.

5. Haz ahora un mapa sobre «¿Cómo quiero ser?». Anota, en el *interior* del círculo, el modo en que, aquí y ahora, te gustaría ser (como, por ejemplo, *organizado, sano, fuerte, tranquilo* o *valiente*). ¡Sé lo más concreto que puedas! Anota luego fuera del círculo, después de haber enumerado un mínimo de seis, la opuesta de cada una de las cualidades consignadas, conectándolas mediante una línea. Utiliza también a modo de ilustración, si así lo necesitas, el ejemplo que presentamos en la siguiente página.

MAPA DEL MODO EN QUE QUIERO SER AQUÍ Y AHORA

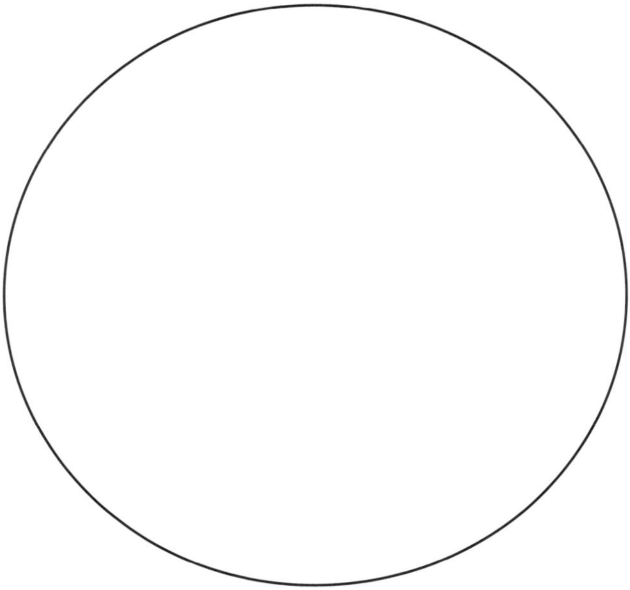

EJEMPLO DE MAPA DEL MODO EN QUE QUIERO SER AQUÍ Y AHORA

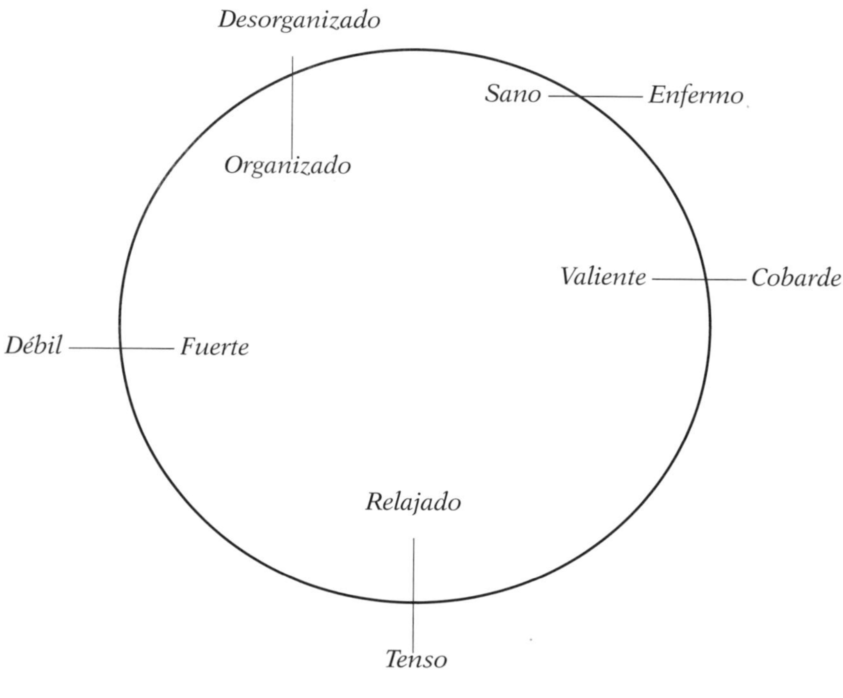

a. ¿Cómo te hacen sentir las cualidades consignadas en el *interior* de la figura adjunta?

b. ¿Cómo te hacen sentir las cualidades consignadas *fuera* de la figura?

Una respuesta emocional negativa a cualquiera de las cualidades consignadas fuera de la figura pone de relieve el carácter de requisito de las cualidades ubicadas en el interior. Ten en cuenta que las cualidades que has anotado fuera son desencadenantes (es decir, son hechos o pensamientos que no satisfacen tus requisitos) y que tus requisitos activan tu sistema de identidad. Es por ello que, una vez desactivados los requisitos, desaparecen también los desencadenantes.

c. Enumera los requisitos y desencadenantes relativos al modo en que quieres ser.

Requisito	**Desencadenante**

d. ¿Crees acaso que puedes satisfacer los requisitos del interior del círculo? ¡No! Cuando una creencia se convierte en requisito, nunca tiene suficiente y acaba alimentando innumerables creencias negativas sobre ti.

DÍA TRES **FECHA:** ____________________

1. ¿Qué requisitos sobre ti has podido desactivar el día de hoy?

Requisito	¿Cómo lo desactivaste?	¿Qué sucedió?
Siempre debería controlar mi vida.	*Hice un mapa del problema relativo al hecho de perder el control con mi hijo y me di cuenta de que el requisito generaba gran parte de mi malestar.*	*Hablé tranquilamente con mi hijo durante la cena y pude escucharle sin estresarme ni comer más de la cuenta.*

Tu sistema de identidad te lleva a creer que no eres más que un saco lleno de requisitos.

2. Enumera los requisitos autoimpuestos sobre los que todavía debas trabajar.

____

____

____

____

____

____

Date cuenta de que el trabajo de conexión entre la mente y el cuerpo es un proceso delicado y progresivo y que cada uno de sus pasos aumenta la capacidad de autocuración. Ahora estás empezando a darte cuenta de que eres mucho más de lo que creías.

3. Elabora un mapa del requisito más importante y problemático con respecto a ti mismo. Elige, de la lista anterior, los requisitos que más problemáticos te resulten y toma nota de ellos en la siguiente figura. Trabaja rápidamente, sin censurar tus pensamientos. Consigna luego tus tensiones corporales.

MAPA DEL REQUISITO SOBRE MÍ MISMO QUE MÁS ME PREOCUPA

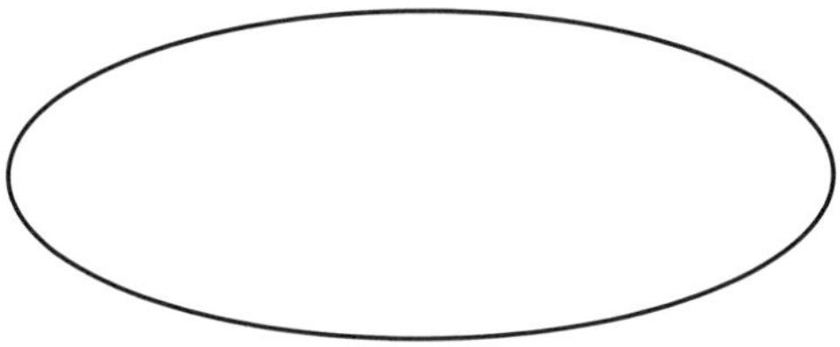

Tensión corporal:

a. ¿Está tu mente ruidosa o silenciosa?

b. Enumera tus requisitos:

c. ¿Está, alguno de los ítems consignados en el mapa, relacionado con el evento traumático? Sí ______ No ______

4. Esboza de nuevo el mismo mapa anotando, en el interior de la figura adjunta, el mismo requisito. Escucha ahora, antes de seguir escribiendo, los sonidos procedentes del entorno, siente la presión de tu cuerpo sobre el asiento, siente el apoyo de las plantas de los pies sobre el suelo y siente el bolígrafo que sostienes entre los dedos. Y escribe luego, una vez que te hayas asentado, los pensamientos que, al respecto, se te ocurran sin dejar, por ello, de sentir el bolígrafo entre los dedos. Presta atención, mientras escribes, a los sonidos procedentes del entorno, siente el bolígrafo en la mano y observa el rastro dejado por la tinta sobre el papel. Escribe durante varios minutos.

MAPA CON CONEXIÓN CORPOMENTAL DEL REQUISITO QUE MÁS ME PREOCUPA SOBRE MÍ MISMO

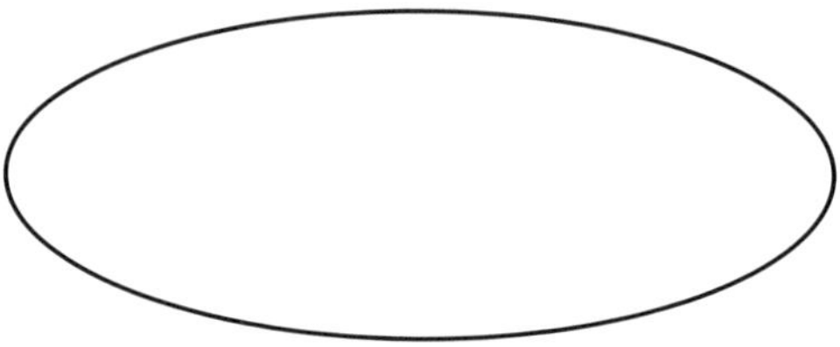

a. ¿En qué difiere este mapa del anterior?

b. ¿De qué manera cambiaría tu vida si el estado corpomental que experimentas al elaborar este mapa se hallara diariamente presente?

DÍA CUATRO FECHA: ____________________

Observa el modo en que tu depresor utiliza los pensamientos negativos sobre tu trauma y cómo, después de convertirlos en guiones, acaban impregnando tu cuerpo. Este diálogo interno negativo acaba convirtiéndose, con el paso del tiempo, en la creencia corpomental de que estás dañado. Se trata de una creencia negativa sobre ti, de un estado corpomental disfuncional cargado de pensamientos negativos sobre tu experiencia traumática.

1. Toma nota de todas las creencias negativas que, sobre ti mismo, experimentes hoy relacionadas con el trauma. ¿Qué impacto tienen sobre tu vida?

Creencia negativa sobre uno mismo	Guiones	Tensión corporal	Impacto sobre tu vida o modo en que te comportaste
Siempre he padecido TEPT	*Sucedió muy rápidamente, no puedo creer que me haya sucedido a mí, jamás volveré a ser el mismo*	*Opresión en el pecho y dolor de cabeza*	*No puedo conservar un trabajo* *Los niños se alejan de mí* *Evito a las personas*

2. Enumera tres creencias negativas sobre ti mismo relativas al evento traumático:

____

____

____

a. Escribe, en el interior de la figura adjunta, la más inquietante de todas las creencias negativas sobre ti que hayas incluido en tu lista. Anota luego rápidamente y sin censurarlos, en torno a la figura, todos los pensamientos que, al respecto, se te ocurran. Toma nota seguidamente de las tensiones corporales que experimentes. Y consulta, en caso de necesitarlo, el siguiente mapa ilustrativo.

MAPA DE MI AUTOCREENCIA NEGATIVA MÁS INQUIETANTE

Tensión corporal:

Rellena este estadillo utilizando, para ello, la información consignada en tu mapa:

Depresores	**Correctores**	**Guiones**	**Requisitos**
Soy un inútil	*Debes esforzarte más*	*El trauma fue muy fuerte ¿Por qué tuvo que sucederme a mí?*	*Debería haber hecho más* *Debería ser lo suficientemente fuerte para superarlo*

El mapa de la creencia negativa más perturbadora que tengas sobre ti evidencia el modo en que el sistema de identidad captura pensamientos naturales sobre el evento traumático y el modo en que el depresor y el corrector elaboran luego guiones que impregnan de negatividad todas las células de tu cuerpo, desbaratando tu vida. Los requisitos de tu sistema de identidad alientan este círculo vicioso mientras que su desactivación, por el contrario, conduce a la ruptura del círculo.

EJEMPLO DE MAPA: LA CREENCIA NEGATIVA MÁS PREOCUPANTE SOBRE MÍ

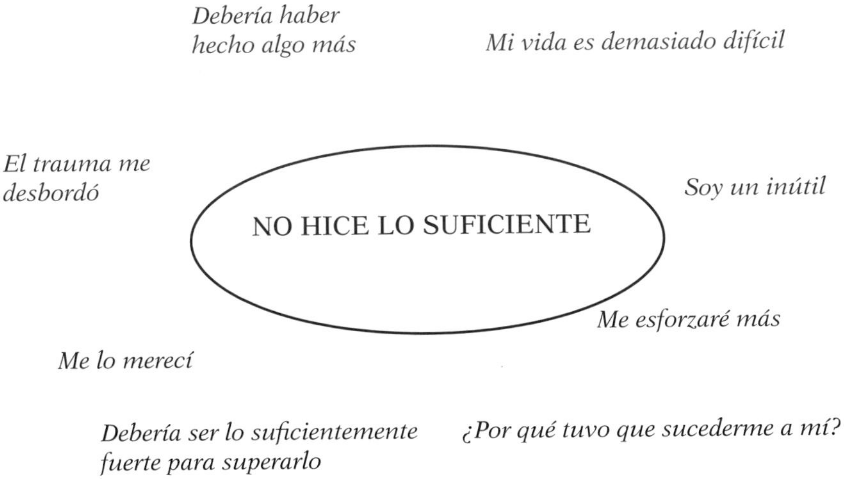

3. Esboza de nuevo el mismo mapa anotando, en el interior de la figura adjunta, la misma creencia negativa sobre ti. Pero escucha ahora, antes de seguir escribiendo, los sonidos procedentes del entorno, siente la presión de tu cuerpo sobre el asiento, siente el apoyo de las plantas de los pies sobre el suelo y siente también el bolígrafo que sostienes entre los dedos. Y sigue sintiendo, una vez que te halles bien asentado, el bolígrafo en la mano mientras empiezas a anotar cualquier pensamiento que, al respecto, acuda a tu mente. Presta entretanto atención a los sonidos procedentes del entorno, siente el bolígrafo en tu mano y observa el trazo que la tinta deja sobre el papel.

CREENCIA MÁS PREOCUPANTE SOBRE MÍ MISMO CON CONEXIÓN CORPOMENTAL

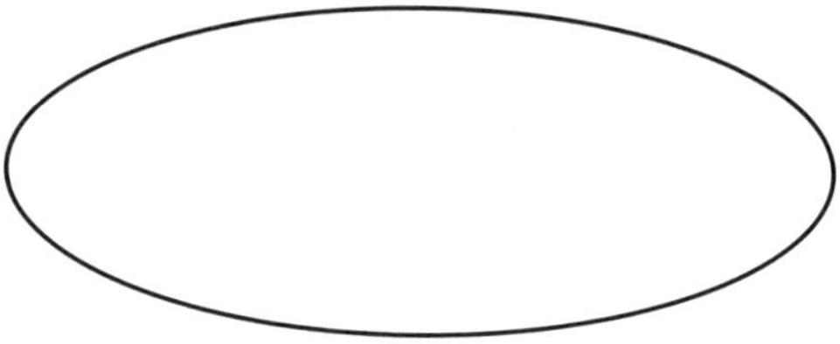

a. ¿En qué difiere este mapa del anterior?

____

____

b. Enumera los requisitos del mapa anterior que hayas sido capaz de desactivar:

____

____

c. Enumera los requisitos del mapa anterior que crees que te resultarán *difíciles* de desactivar:

d. Emplea las prácticas de conciencia de la conexión corpomental y etiquetado de los pensamientos con estos requisitos y presta atención para ver si la tensión se atenúa. ¿Qué es lo que sucede?

DÍA CINCO FECHA: ____________________

La curación de las creencias negativas sobre uno mismo

Revisemos ahora las herramientas de conexión corpomental que sirven para curar las creencias negativas sobre ti relacionadas con el trauma:

- *Prácticas de conciencia de la conexión corpomental*: Reconoce la presencia de cualquier diálogo interno negativo y de la tensión corporal asociada al evento traumático como un síntoma de sobreactivación del sistema de identidad. Conecta luego con los sentidos y vuelve a prestar atención a lo que estabas haciendo.
- *Etiquetado de los pensamientos*: Recuerda, cuando adviertas la emergencia, en tu mente, de un pensamiento negativo, que un pensamiento no es más que un pensamiento. Etiqueta tus pensamientos negativos como meros pensamientos y regresa luego a lo que estabas haciendo. Y cuando, en tu mente, aflore, por ejemplo, la idea de que «nunca volveré a ser el mismo», repite lo siguiente: «Estoy teniendo el pensamiento de que "nunca volveré a ser el mismo"... que no es más que un mero pensamiento».
- *Conciencia de los guiones*: Cuando te sorprendas dando vueltas o alimentando historias relacionadas con alguna creencia negativa con respecto a ti mismo, toma nota de los temas que se repitan, reconócelos como guiones y regresa a la tarea que tenías entre manos. Poco importa que las historias sean verdaderas o falsas, positivas o negativas. Recuerda que, lo que te deprime o te anima, no son tus pensamientos negativos ni tus pensamientos positivos, respectivamente. Lo que llena de ruido tu mente y tu cuerpo de tensión y pone en marcha el ciclo del depresor-corrector son tus guiones. Lo que te aleja del presente es la captura de historias llevada a cabo por el sistema de identidad.
- *Uso de mapas*: Utiliza los mapas de conexión corpomental. El primer mapa te ayudará a identificar los requisitos de las creencias

negativas sobre ti relacionadas con el trauma. Ten en cuenta que la presencia de tensiones corporales te ayudará a identificar dichos requisitos. Utiliza las prácticas de conciencia de la conexión corpomental del segundo mapa para percibir la realidad de las creencias negativas que tienes sobre ti y regresa luego al funcionamiento natural de tu yo verdadero.

- *Desactivación de requisitos*: Tómate el tiempo necesario, cada vez que percibas la presencia de una tensión corporal o de un diálogo interno negativo, para utilizar las herramientas de conexión corpomental e identificar tus requisitos (si adviertes, por ejemplo, el diálogo interno de que «nunca volveré a ser el mismo», puedes concluir que el requisito oculto es «debería volver a ser como antes»). Recuerda que tu malestar actual no se debe tanto a los acontecimientos pasados, como a la sobreactivación de tu sistema de identidad. Cobrar conciencia de tus requisitos en el mismo momento en que aparecen reduce su poder. Y sabrás que has desactivado un requisito cuando adviertas la liberación repentina o gradual de la tensión corporal asociada.

1. Apela, a lo largo del día, a las herramientas de conexión corpomental que has aprendido para impedir que el diálogo interno y las creencias negativas que albergas sobre ti te depriman y obstaculicen tu vida.

   ¿Qué ha sucedido?

Creencia negativa	Tensión corporal	Cómo utilizaste las herramientas de conexión corpomental	Sensaciones corporales	De qué manera cambió tu conducta la conexión corpomental
Nunca volveré a ser el mismo	*Opresión en el pecho Respiración superficial*	*Escuché el zumbido del aire acondicionado*	*Liberación de la tensión corporal y respiración más relajada*	*Hice más cosas No me sentí tan deprimido*
Podría haber hecho algo más	*Retortijones en el vientre*	*Reconocí de inmediato el pensamiento de que «debería haber hecho algo más»*	*Más tranquilo*	*«Se encendió una luz» y el día discurrió sin más problemas*

No es el trauma el que obstaculiza tu vida, sino tus requisitos los que impiden que el pasado acabe convirtiéndose realmente en pasado. Es imposible que, cuando el sistema de identidad se aquieta, sigas albergando sobre ti las mismas creencias negativas. El mantenimiento de esas creencias significa que tus requisitos te mantienen desconectado de tu potencial autocurativo. Ahora empiezas a darte cuenta de que, independientemente de lo que ocurriese en el pasado, la práctica de la conexión corpomental puede transformar tu vida.

2. Haz un mapa de la creencia negativa más resistente que, sobre ti, albergues relacionada con el trauma. Escribe dentro y en torno a la figura adjunta los pensamientos que, con respecto a esa creencia negativa, se te ocurran. Escribe rápidamente y sin revisar lo escrito. Toma nota seguidamente de las tensiones corporales.

MAPA DE LA CREENCIA NEGATIVA SOBRE MÍ MÁS PERSISTENTE RELACIONADA CON EL TRAUMA

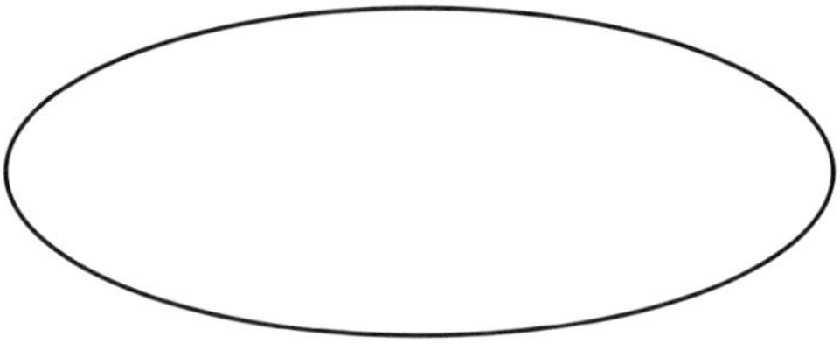

Tensión corporal:

a. ¿Cuáles son tus depresores?

b. ¿Cuáles son tus correctores?

c. ¿Cuáles son tus guiones?

d. Descubre y enumera el requisito que subyace a cada uno de los pensamientos consignados en tu mapa (si piensas, por ejemplo, «nunca estará terminado», el requisito podría ser «ya debería haberlo terminado»).

Los requisitos movilizan el sistema de identidad, reactivan el trauma e impiden la curación. Recuerda que el problema no descansa tanto en el acontecimiento vivido como en tus requisitos. Es el reconocimiento y la desactivación de los requisitos el que abre el espacio necesario para que se ponga nuevamente en marcha el proceso de autocuración.

3. Haz de nuevo el mismo mapa anotando, en el interior de la figura adjunta, la creencia negativa sobre ti. Escucha ahora, antes de seguir escribiendo, los sonidos procedentes del entorno, siente la presión de tu cuerpo en el asiento, siente las plantas de los pies apoyadas en el suelo y el bolígrafo que sostienes entre los dedos. Y sigue sintiendo, una vez centrado, el bolígrafo entre los dedos y empieza a anotar todos los pensamientos que, sobre esa creencia negativa, acudan a tu mente. No dejes, mientras escribes, de prestar atención a los sonidos procedentes del entorno, de sentir el bolígrafo entre los dedos ni de observar el trazo dejado por la tinta sobre el papel.

MAPA CON CONEXIÓN CORPOMENTAL DE LA CREENCIA NEGATIVA SOBRE MÍ MÁS PERSISTENTE ASOCIADA AL TRAUMA

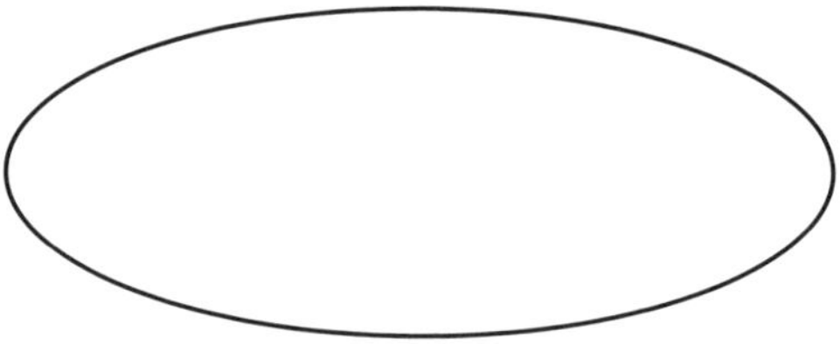

a. ¿En qué difiere este mapa del anterior?

b. ¿Cómo vivirías tu vida desde ese estado?

Ahora estás empezando a darte cuenta de que no son tus pensamientos negativos, sino tus requisitos sobre el trauma, los que activan tu sistema de identidad. La elaboración de los mapas con conexión corpomental evidencia el poder que tienen las prácticas de establecimiento de puentes entre la mente y el cuerpo. De ese modo, también empiezas a darte cuenta del efecto de tu potencial autocurativo sobre los síntomas del TEPT.

DÍA SEIS **FECHA:** ____________________

El éxito en la curación de las creencias negativas sobre ti asociadas a tu trauma depende de tu capacidad para desactivar los requisitos que te autoimpones.

1. Toma nota de cualquier éxito que, durante el día, hayas tenido en la desactivación de tus requisitos:

a. ¿Cuánto tiempo dura el diálogo interno negativo antes de que te des cuenta de la activación de tu sistema de identidad?

¿Reconoces los requisitos asociados a tu trauma? Si es así, enuméralos:

¿Cómo puedes desactivarlos?

b. Merece la pena repetir, en una hoja separada, los mapas de las creencias negativas más persistentes asociadas al trauma.

2. Haz un mapa relativo al lugar en el que, en tu proceso autocurativo, deberías hallarte ahora. Anota luego, en torno a la figura adjunta, todos los pensamientos que, al respecto, se te ocurran. Trabaja rápidamente y sin revisar lo escrito. Enumera luego las tensiones corporales que adviertas.

DÓNDE DEBERÍA ESTAR
AHORA EN MI PROCESO
DE CURACIÓN

Tensión corporal:

Rellena, teniendo en cuenta la información proporcionada por el mapa anterior, el siguiente estadillo:

Depresores	Correctores	Guiones	Requisitos

3. Haz de nuevo el mapa apelando a las prácticas de conexión corpomental. Pero escucha ahora, antes de empezar a escribir, los sonidos procedentes del entorno, siente la presión de tu cuerpo sobre el asiento, siente las plantas de los pies apoyadas el suelo y siente el bolígrafo que sostienes entre los dedos. Y sin dejar de sentir el bolígrafo entre los dedos, empieza a tomar nota, una vez centrado, de todos los pensamientos que, al respecto, acudan a tu mente. Sigue prestando atención, mientras escribes, a los sonidos que te rodean y sintiendo el bolígrafo que sujetas con los dedos. Observa el rastro dejado por la tinta sobre el papel. Escribe durante varios minutos.

DÓNDE DEBERÍA ESTAR
AHORA EN MI PROCESO
DE CURACIÓN

a. ¿En qué difiere este mapa del anterior?

b. Este mapa te muestra que, cuando tu sistema de identidad está en calma, funcionas de manera natural. ¿Qué percibes con respecto a tu sensación de autoestima? ¿Estás curándote y conectando con tu sabiduría interior?

Utiliza, en tu vida cotidiana, las prácticas de conexión corpomental, siendo amable contigo y dándote cuenta de lo que está ocurriendo. Tu vida está compuesta por una serie de acontecimientos instante tras instante y, cuando te familiarizas con tu sistema de identidad, te ubicas en el asiento del conductor.

DÍA SIETE **FECHA:** ____________________

Cada momento de tu vida es una presentación. Pregúntate hoy, apelando a las prácticas de conexión corpomental, quién es el que se presenta. ¿Es tu yo dañado o tu yo verdadero? Observa las situaciones en que hoy te hayas presentado.

1. *Yo dañado*. Enumera cinco situaciones en las que tu sistema de identidad se hallase hiperactivo:

____

____

____

____

____

____

____

2. *Yo verdadero.* Enumera cinco situaciones en las que tu sistema de identidad estuviese en calma:

____

____

____

____

____

____

____

3. ¿Puede haber, cuando tu sistema de identidad permanece en calma, creencias negativas sobre ti asociadas al trauma?
   Sí ______ No ______

4. Elabora un mapa «¿Quién soy yo?». Escribe, en el interior del círculo adjunto, las cualidades que mejor describan quién eres. Escribe luego, después de haber enumerado al menos seis cualidades, la opuesta de cada una de ellas en el exterior del círculo y conéctalas con una línea. Observa, si lo consideras necesario, el mapa ilustrativo que presentamos en la siguiente página.

EJEMPLO DE MAPA: ¿QUIÉN SOY YO?

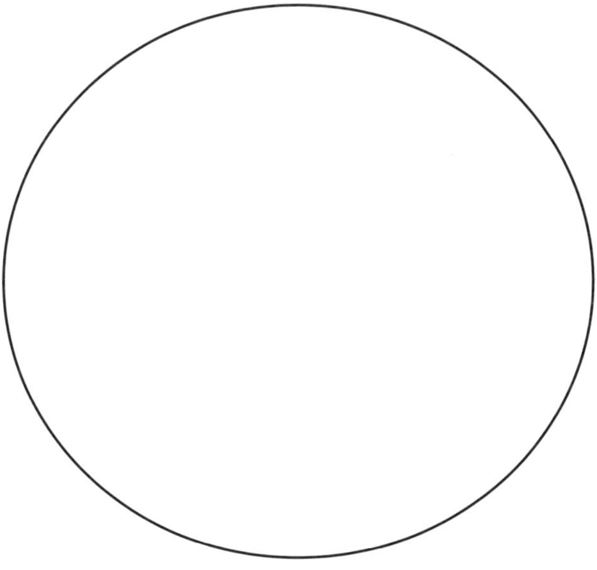

EJEMPLO DE MAPA: ¿QUIÉN SOY YO?

a. ¿Cómo te hacen sentir las cualidades ubicadas en el interior del círculo?

b. ¿Cómo te hacen sentir las cualidades ubicadas en el exterior del círculo?

c. ¿Describen las cualidades ubicadas en el interior la persona que realmente eres? Sí ______ No ______

d. ¿Describen las cualidades ubicadas en el exterior la persona que realmente eres? Sí ______ No ______

Tu sistema de identidad te induce a creer que las cualidades que te definen son las que se hallan dentro del círculo. Cada vez que crees poseer alguna de las cualidades ubicadas en el exterior del círculo, tu sistema de identidad te dice que estás dañado o padeces una carencia. Tu sistema de identidad trata de convencerte de que eres quien *crees* ser, pero lo cierto es que las cualidades que has enumerado no son tú, sino meros pensamientos.

e. Revisa ahora, sirviéndote de las prácticas de conciencia de la conexión corpomental y etiquetado de los pensamientos, todas las cualidades consignadas en tu mapa. ¿Qué es lo que sucede?

La conexión corpomental te permite ampliar el círculo hasta que tu mapa lo incluya todo. Cuando no estás limitado por tus requisitos, lo eres *todo*, lo que significa que tu mapa puede incluir todo tipo de cualidades (incluidas las negativas) sin que, por ello, se active tu sistema de identidad.

Escala CMC de evaluación semanal
La curación de las creencias negativas sobre uno mismo provocadas por rl trauma

Fecha: ____________________

¿Cómo ha funcionado, durante la pasada semana, tu práctica? Escoge, de entre las siguientes, la valoración que más se adapte a tu caso (casi nunca, ocasionalmente, habitualmente o casi siempre).

¿Con qué frecuencia...	**Casi nunca**	**Ocasionalmente**	**Habitualmente**	**Casi siempre**
te das cuenta de que los requisitos siempre activan tu sistema de identidad y obstaculizan tu curación y tu funcionamiento?				
te das cuenta de que los requisitos mantienen las creencias negativas que tienes sobre ti?				
evitas enfadarte desactivando un requisito?				
ves que los requisitos que te impones a ti mismo te atrapan y te impiden ser quien realmente eres?				
te experimentas como mucho más de lo que creías ser?				
experimentas que todo lo que necesitas para actuar desde tu yo verdadero es aquietar tu sistema de identidad de modo que pueda tener lugar el funcionamiento natural?				
reconoces tu yo dañado?				
experimentas tu yo dañado como un mito creado por tu sistema de identidad?				
reconoces el funcionamiento natural?				
adviertes tu yo verdadero, el que eres cuando funcionas naturalmente instante tras instante?				
contemplas las experiencias de la vida cotidiana desde una nueva perspectiva?				
experimentas que estás conectado a una fuente de curación, bondad y sabiduría?				
adviertes alguna mejora en tus relaciones?				
funcionas mejor en casa y en el trabajo?				
adviertes una disminución de las creencias negativas?				

Enumera tres requisitos que solían causarte serios problemas y con los que actualmente te relaciones de manera relajada y funcionando naturalmente:

___

___

___

7

RESOLUCIÓN GRADUAL DE LOS RECUERDOS TRAUMÁTICOS

Los ejercicios realizados en los capítulos anteriores te han preparado para el día de hoy. Has aprendido a utilizar las herramientas que te permiten aquietar y familiarizarte con tu sistema de identidad y establecer los cimientos para enfrentarte a tu experiencia traumática. Cuando el sistema de identidad se encuentra hiperactivo y genera caos, puede llegar a experimentarse como un enemigo. Pero ahora has aprendido a verlo como un amigo que, cada vez que te apartas del yo verdadero, llama tu atención. En este momento, el reconocimiento de los indicios más tempranos de actividad del sistema de identidad, el uso de prácticas de conciencia de la conexión corpomental, la familiarización con tu depresor y tu corrector y la desactivación de los requisitos que te impones a ti mismo, se han convertido ya en actividades cotidianas. Y aunque, en ocasiones, lleves a cabo, sin el menor esfuerzo, tus prácticas de conexión corpomental y, en otras, te supongan un gran esfuerzo, en ambos casos, sin embargo, se pone en marcha, cada vez con más frecuencia, tu funcionamiento natural.

Son muchos los mapas corpomentales –una práctica, como ya sabes, rápida y sencilla, que consiste en anotar sobre el papel tus pensamientos y sensaciones corporales– que debes realizar para resolver los recuerdos del trauma. Este proceso de mapeo proporciona a la conciencia que funciona naturalmente la oportunidad de darse cuenta de la activación de su sistema de identidad. En el presente capítulo abordaremos una práctica avanzada de mapeo, denominada *mapa de burbujas*, una herramienta poderosa y sencilla que añade más claridad si cabe y reduce las distorsiones emocionales provocadas por el sistema de identidad.

DÍA UNO **FECHA:** ____________________

1. Recuerda los síntomas asociados a tu trauma que, antes de emprender este cuaderno, más te molestaban. Anota esos síntomas en el siguiente estadillo y compáralos con los que ahora experimentas. Quizás pueda servirte, para ello, la siguiente lista de síntomas:

- Flashbacks, es decir, pensamientos, olores, imágenes, sonidos, sensaciones o sentimientos intrusivos asociados a tu trauma que estallan en tu mente como si volvieses a revivir la experiencia traumática.
- Flashbacks tan intensos y poderosos que pierdes la noción del lugar en que te encuentras.
- Pesadillas, es decir, sueños extraños y muy negativos relacionados con el trauma.
- Evitación de situaciones, sentimientos o pensamientos relacionados con el trauma.
- Embotamiento e indiferencia emocional.
- Pérdida de interés por el mundo que te rodea.
- Sensación de sobreestimulación (es decir, de aceleración o excitación) corpomental, lo que te coloca a la defensiva o en un estado fácilmente sobresaltable, provocando irritabilidad, ira, trastornos del sueño y de la concentración y el correspondiente agotamiento.

Una vez que hayas tomado nota, en el siguiente estadillo, de tus síntomas, evalúa su frecuencia de aparición (*nunca, semanalmente, de dos a tres veces por semana o diariamente*) y valora su efecto en tu vida (*ninguno, leve, moderado o severo*):

	Antes de comenzar el cuaderno de ejercicios		**Actualmente**	
Síntoma	**Frecuencia**	**Impacto sobre tu vida**	**Frecuencia**	**Impacto sobre tu vida**
Pensamientos intrusivos sobre accidentes y muertes	*diariamente*	*severo*	*semanalmente*	*moderado*

2. Haz un mapa del trauma reflejando, en la figura adjunta, el recuerdo más perturbador de tu experiencia traumática y anota luego, en torno a la figura, todos los pensamientos que, entre tres y cinco minutos, se te ocurran al respecto. Toma también nota de las tensiones corporales que adviertas. Observa los dos mapas que, a modo de ejemplo, presentamos a continuación.

MAPA DEL TRAUMA

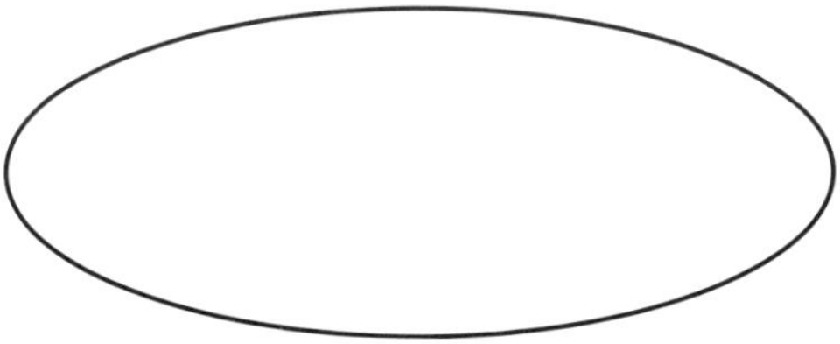

Tensión corporal

____

____

a. Haz un mapa de burbujas trazando un círculo en torno a un pensamiento que te suscite mucha tensión corporal. Tómate unos minutos para anotar, en torno al pensamiento incluido en el círculo, los pensamientos que, al respecto, se te ocurran. Traza después un nuevo círculo en torno a un segundo pensamiento perturbador.

b. Enumera luego los requisitos que adviertas para los pensamientos que rodean cada burbuja. (En el mapa del ejemplo B, por ejemplo, el pensamiento «la gente no debería mirarme fijamente» es tanto un pensamiento como un requisito, mientras que el pensamiento «detesto mostrarme en público» encierra el requisito oculto de que «no debería mostrarme en público».)

____

____

____

EJEMPLO DE MAPA A: BURBUJA DEL TRAUMA

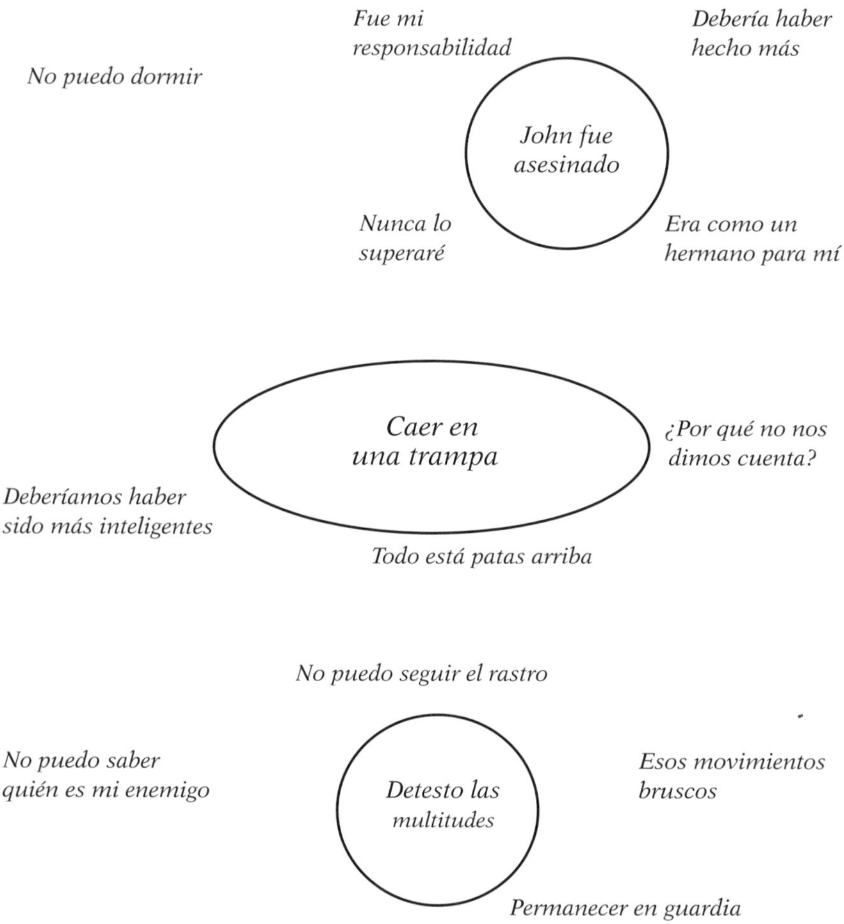

EJEMPLO DE MAPA B: BURBUJA DEL TRAUMA

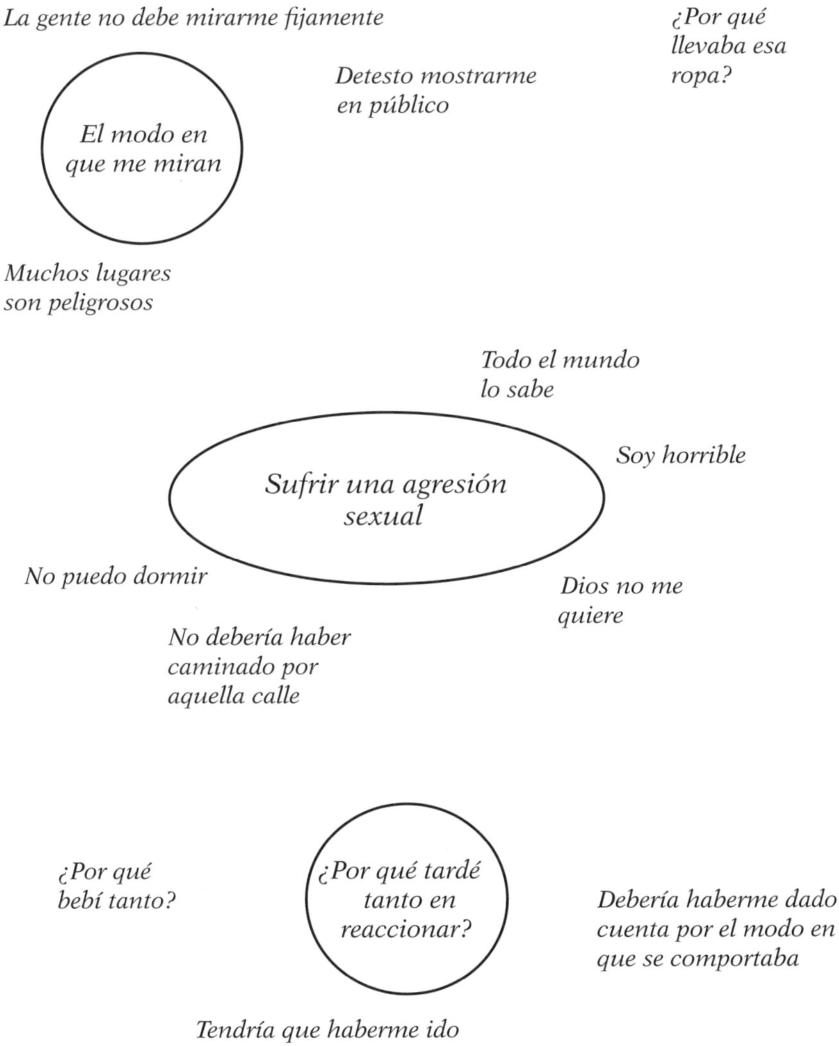

3. Elige uno de los ítems incluidos en tu mapa de burbujas sobre el trauma y anótalo en la figura adjunta (por ejemplo, «el modo en que me miran»). Escucha ahora, antes de seguir escribiendo, los sonidos procedentes del entorno, siente la presión de tu cuerpo sobre el asiento, siente el apoyo de las plantas de los pies apoyadas en el suelo y siente también el contacto de los dedos con el bolígrafo. Y sigue sintiendo, una vez centrado, el bolígrafo entre los dedos y empieza a escribir. Observa, sin dejar de escuchar los sonidos procedentes del entorno, el rastro dejado por la tinta sobre el papel. Anota luego todos los pensamientos que, durante varios minutos acudan, al respecto, a tu mente.

PRIMER MAPA DE BURBUJAS DEL TRAUMA
CON CONEXIÓN CORPOMENTAL

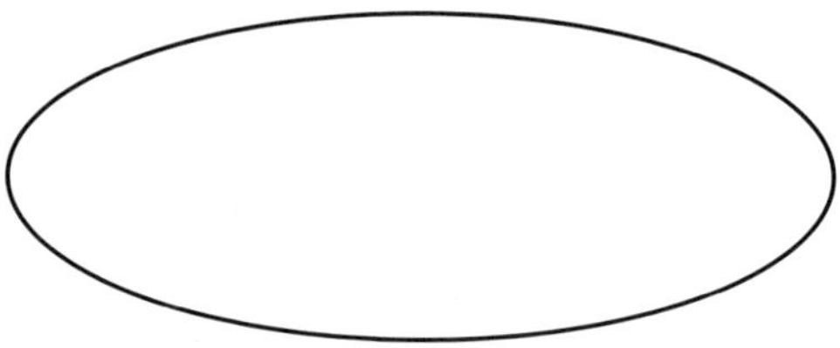

Compara la tensión corporal reflejada en este mapa con tu anterior mapa del trauma:

Esta experiencia de mapeo pone de relieve tu capacidad autocurativa.

4. Elige ahora otro ítem de tu mapa del trauma y anótalo en el interior de la figura adjunta (por ejemplo, «¿por qué tardé tanto en reaccionar?»). Escucha ahora, antes de seguir escribiendo, los sonidos procedentes del entorno, siente la presión de tu cuerpo sobre el asiento, siente el apoyo de las plantas de los pies sobre el suelo y siente el bolígrafo que sostienes entre los dedos. Y empieza a escribir, una vez asentado, sin dejar de sentir el bolígrafo entre los dedos. Observa también el trazo dejado por la tinta sobre el papel atendiendo también a los sonidos circundantes. Anota todos los pensamientos que, durante varios minutos, acudan a tu mente.

SEGUNDO MAPA DE BURBUJAS CON CONEXIÓN CORPOMENTAL SOBRE EL TRAUMA

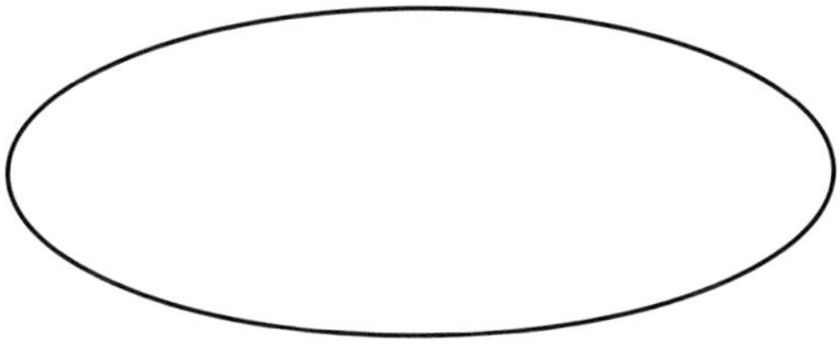

Compara la tensión corporal reflejada en este mapa con la del mapa anterior:

5. Haz de nuevo el primer ejercicio de mapeo del trauma. Escribe, en el interior de la figura que presentamos a continuación, el mismo acontecimiento traumático al que se refería tu primer mapa. Escucha ahora, antes de empezar a escribir, los sonidos procedentes del entorno, siente la presión de tu cuerpo sobre el asiento, siente el apoyo de las plantas de los pies sobre el suelo y siente el bolígrafo que sostienes entre los dedos. Una vez asentado, sigue sintiendo el bolígrafo que sostienes entre los dedos y empieza a escribir. Observa el trazo dejado por la tinta sobre el papel sin dejar de escuchar, por ello, los sonidos que te rodean. Y anota luego, durante los siguientes minutos, todos los pensamientos que, al respecto, acudan a tu mente.

MAPA DEL TRAUMA CON CONEXIÓN CORPOMENTAL

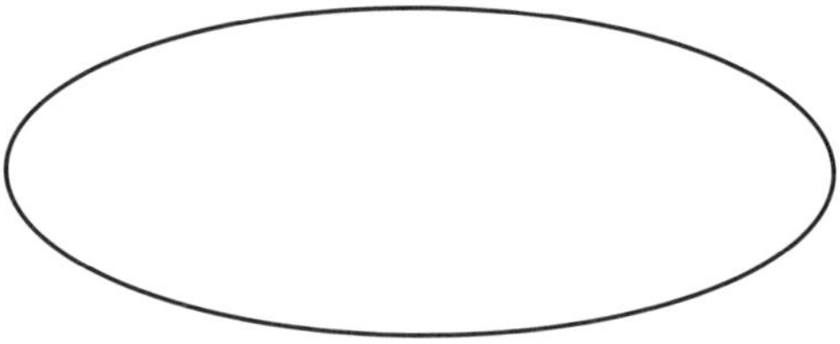

¿Qué es lo que adviertes si comparas este mapa con tu primer mapa del trauma?

En tu primer mapa del trauma, experimentabas los recuerdos traumáticos a través de la lente del sistema de identidad. En el presente mapa con conexión corpomental, experimentas los mismos recuerdos traumáticos a través de la óptica de tu yo verdadero y habiendo tranquilizado ya tu sistema de identidad. La conexión corpomental te permite percibir la realidad de tus recuerdos traumáticos sin la distorsión provocada por la sobreactivación de tu sistema de identidad.

6. Vuelve al primer mapa del trauma del ejercicio de hoy y anota los ítems que más tensión corporal te generen. Identifica luego los requisitos subyacentes.

Ítem que provoca tensión corporal	Requisito
¿Por qué llevaba esa ropa? *Esos movimientos bruscos*	*No debería haber llevado esa ropa* *No debería haber movimientos bruscos*

7. ¿Te das cuenta de que el modo en que experimentas tus recuerdos traumáticos una y otra vez sólo depende de la hiperactividad de tu sistema de identidad que recurre, para mantenerse en movimiento, a los recuerdos y pensamientos del evento traumático? Sí ______ No ______

   Sólo tus requisitos, como ya sabes, pueden movilizar tu sistema de identidad. La resolución de los recuerdos traumáticos y la autocuración sólo tendrán lugar cuando identifiques y desactives los requisitos relacionados tanto con tu situación actual (por ejemplo, «no deberían producirse movimientos bruscos») como al evento traumático del pasado (por ejemplo, «no debería haber llevado aquella ropa»).

8. Describe el modo en que desactivarás ahora tus requisitos anteriores.

DÍA DOS **FECHA:** ____________________

Sé consciente, durante todo el día, de los momentos en que experimentes recuerdos traumáticos y reduce tu malestar corpomental aquietando tu sistema de identidad (mediante las prácticas de conciencia de la conexión corpomental y etiquetado de los pensamientos, así como de reconocimiento y desactivación de los requisitos).

1. ¿Qué ha sucedido?

2. ¿Quién está experimentando tus recuerdos traumáticos, el yo verdadero o el yo dañado? ¿Qué es lo que, al respecto, puedes decir?

Tu yo verdadero (el que eres cuando se aquieta tu sistema de identidad) dispone de mucho más espacio (Figura 1.1) que cualquier recuerdo que no quieras que interfiera con tu vida.

3. Elabora un mapa del trauma relativo a un recuerdo traumático especialmente refractario. Anota luego, en el interior de la figura, el recuerdo del suceso traumático y escribe, en torno a ella, los pensamientos que, durante dos o tres minutos, se te ocurran al respecto. Toma finalmente nota de las tensiones corporales que adviertas.

MAPA DEL TRAUMA

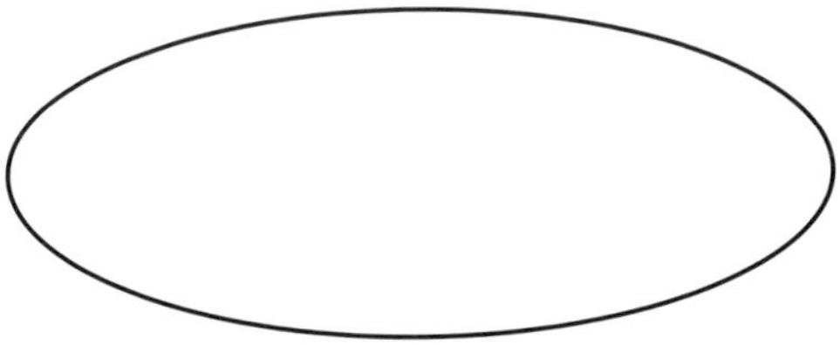

Tensión corporal:

____

____

4. Haz un mapa de burbuja trazando un círculo en torno a algún pensamiento que te provoque una tensión corporal excesiva. Dedica luego unos minutos a escribir los pensamientos que se te ocurran sobre el ítem anotado en el círculo. Haz nuevos mapas de burbuja sobre cualquier otro ítem que te inquiete.

a. Rellena el siguiente estadillo utilizando, para ello, tu mapa de burbujas. Enumera las tensiones corporales que adviertas asociadas a cada ítem. Identifica luego los requisitos subyacentes.

Ítem	Tensión corporal	Requisito

b. Revisa la lista anterior sirviéndote de tus prácticas de conciencia de la conexión corpomental y de etiquetado de los pensamientos. Tómate, para ello, el tiempo que necesites. Ten en cuenta que no hay nada que corregir. La conciencia es lo único que te acercará progresivamente a la curación.

Sigue utilizando, durante el resto del día, las prácticas de conexión corpomental, con el fin de aquietar tu sistema de identidad y desactivar tus requisitos, que son el origen de los síntomas perturbadores.

5. Esboza un último mapa del trauma. Escribe, en el interior de la figura adjunta, el mismo recuerdo del suceso traumático. Pero escucha ahora, antes de empezar a escribir, los sonidos procedentes del entorno, siente la presión de tu cuerpo sobre el asiento, siente el apoyo de las plantas de los pies sobre el suelo y siente el contacto con bolígrafo que sostienes entre los dedos. Y empieza a escribir, una vez te hayas asentado, sin dejar, por ello, de sentir el bolígrafo entre los dedos. Observa el trazo dejado por la tinta sobre el papel y escucha los sonidos que te rodean. Dedica luego unos pocos minutos a anotar todos los pensamientos que acudan a tu mente.

MAPA DEL TRAUMA CON CONEXIÓN CORPOMENTAL

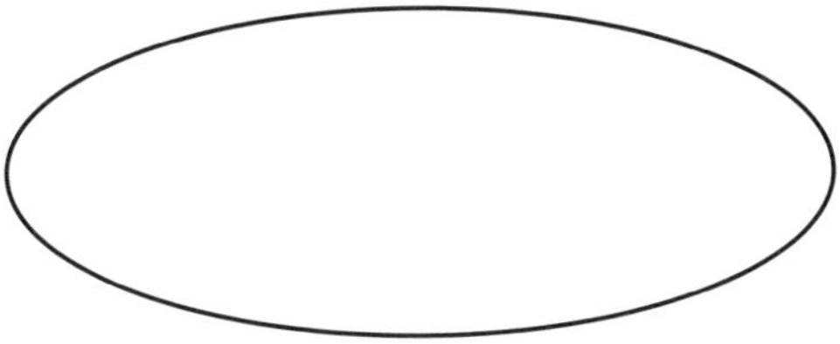

Toma nota de las diferencias que adviertas entre ambos mapas:

a. ¿Cuál es, después de la conexión, tu estado corpomental?

____

____

____

b. ¿Percibes la verdad de que, independientemente de quién seas o hayas sido, tienes el poder y la sabiduría de curarte a ti mismo?
Sí ______ No ______

c. ¿Puedes desactivar, cuando se presenta de nuevo la situación, los requisitos consignados en el mapa anterior?
Sí ______ No ______

DÍA TRES **FECHA:** ____________________

1. Elabora ahora un mapa sobre alguna de tus pesadillas. Anota, en el interior de la figura adjunta, la imagen, el tema o contenido más perturbador y escribe luego alrededor todos los pensamientos que, al respecto, se te ocurran. No te preocupes si los pensamientos no parecen estar relacionados con la pesadilla. Tómate, para ello, el tiempo que precises. Y escribe luego, cuando hayas terminado, las tensiones corporales que adviertas.

MAPA DE LA PESADILLA

Tensión corporal:

____

____

El sueño cumple con una función de organización y procesamiento que resulta esencial para nuestro bienestar y su propósito es el de sanar y renovar nuestra salud mental y física. Nuestro sistema biológico proporciona el hardware de los sueños, mientras que el sistema de identidad constituye el software o contenido. ¿Por qué razón? Porque el sueño trata de resolver los pensamientos recurrentes. Como ya sabes, el sistema de identidad es el principal productor de pensamientos recurrentes, de modo que la mayor parte del contenido de los sueños está ligado al sistema de identidad.

2. Trata de descubrir, basándote en tu mapa, los siguientes aspectos de tu sistema de identidad.

a. ¿Cuáles son tus depresores?

b. ¿Cuáles son tus correctores?

c. ¿Cuáles son tus guiones?

d. ¿Cuáles son los requisitos subyacentes?

3. Haz de nuevo un mapa de la pesadilla. Consigna luego, en el interior de la figura adjunta, la misma imagen, tema o contenido perturbador de tu pesadilla. Escucha ahora, antes de empezar a escribir, los sonidos procedentes del entorno, siente la presión de tu cuerpo sobre el asiento, siente el contacto de las plantas de tus pies sobre el suelo y siente el bolígrafo que sostienes entre los dedos. Y sigue sintiendo, una vez asentado, el bolígrafo que sostienes con la mano mientras empiezas a escribir. No dejes de prestar atención a los sonidos circundantes ni de observar el trazo dejado por la tinta sobre el papel. Escribe luego, durante varios minutos, todos los pensamientos que, al respecto, acudan a tu mente.

MAPA DE LA PESADILLA CON CONEXIÓN CORPOMENTAL

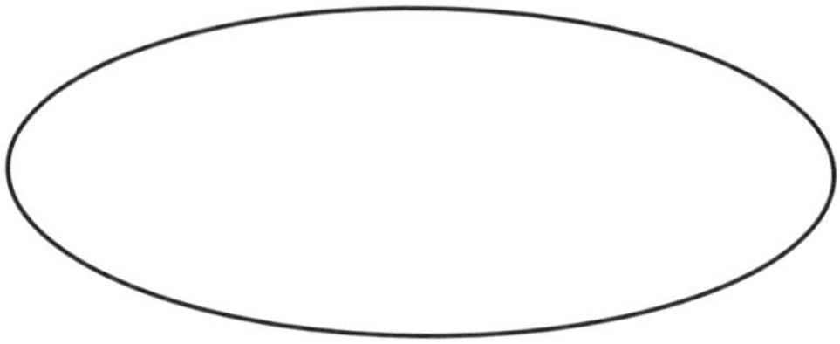

a. Compara ambos mapas:

b. ¿Te das cuenta de que el sistema de identidad es el responsable de tus pesadillas? Sí ______ No ______

Herramientas de conexión corpomental que facilitan la conciliación del sueño

1. Elabora, antes de ir a la cama, un mapa de lo que hay en tu mente. Escribe, en el centro de una hoja de papel, «¿Qué hay en mi mente?» y esboza luego un óvalo a su alrededor. Anota después todos los pensamientos que, al respecto, acudan a tu mente. Recuerda que una cabeza ocupada jamás podrá tranquilizar a una cabeza ocupada. Advierte la actividad no resuelta de tu sistema de identidad y elabora luego el mismo mapa utilizando, para ello, tus prácticas de conciencia de la conexión corpomental. Cuando tu sistema de identidad se aquiete, estarás en mejores condiciones para dormir.
2. Adquiere el hábito de utilizar, una vez en la cama, tu práctica favorita nocturna de conciencia de la conexión corpomental (como, por ejemplo, escuchar el ruido del ventilador, el tictac del reloj o la textura de la manta, la almohada o las sábanas).
3. Si, por alguna razón, despiertas en mitad de la noche, toma nota de tus requisitos, como «no debería despertarme en mitad de la noche», «el perro no debería ladrar» o «los vecinos deberían ser más silenciosos». Utiliza tus prácticas de conciencia de la conexión corpomental para impedir que tus guiones cobren fuerza.
4. Toma nota, si tienes pesadillas o malos sueños, de los requisitos más evidentes como, por ejemplo, «no debería tener pesadillas ni malos sueños». Advierte también que la fuerza que sustenta tus pesadillas no radica tanto en su contenido más o menos desagradable como en la hiperactividad de tu sistema de identidad. Finalmente regresa a tu práctica preferida de conciencia de la conexión corpomental.
5. Elabora, por la mañana, un mapa de la pesadilla o el mal sueño que hayas tenido. Escribe en una hoja de papel la imagen, tema o contenido más perturbador. Dibuja un círculo alrededor y escribe luego rápidamente, a su alrededor, tus pensamientos sin censurarlos. Presta especial atención a tus depresores y correctores y reconoce todos los requisitos que puedas. El sistema de identidad quiere que busques el significado de tu sueño y, en lugar de verlo como una creación del sistema de identidad, se sirve de él para elaborar

más guiones. Haz de nuevo el mismo mapa utilizando, para ello, tus prácticas de conciencia de la conexión corpomental. Este segundo mapa (el mapa con conciencia de la conexión) te permitirá liberar la energía, el dolor y el poder contenidos en el sueño.

El hábito de utilizar diariamente tus prácticas de conciencia de la conexión corpomental irá sosegando tu mente para que tu cuerpomente pueda regularse y curarse a sí mismo. De ese modo, tu sueño mejorará gradualmente y despertarás completamente renovado.

DÍA CUATRO **FECHA:** ____________________

1. Date cuenta, a lo largo de todo el día, de los momentos en que tratas de evitar determinadas actividades, lugares, personas o situaciones. Toma nota también de qué o a quién tratas de evitar y trata de ver si puedes advertir la presencia de algún evento traumático subyacente.

Qué o a quién trato de evitar	Suceso traumático
Conducir por la autopista	*Mi hijo murió en un accidente en el que yo conducía*
Citas con hombres	*Me violó un antiguo novio*
Ir en metro	*(No sé)*
Ir a un hospital de veteranos	*Guerra de Irak*

2. Haz ahora un mapa sobre la actividad, lugar, persona o situación asociada al evento traumático que tratas de evitar. Anótalo en la figura adjunta y escribe, en torno a ella, sin censura, todos los pensamientos que, al respecto, se te ocurran entre tres y cinco minutos. Consigna luego tus tensiones corporales. Echa un vistazo a los mapas ilustrativos que presentamos a continuación

MAPA DE LA PERSONA O SITUACIÓN QUE TRATO DE EVITAR

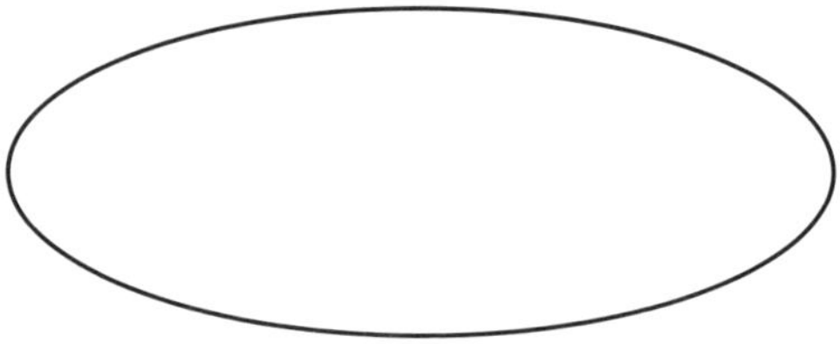

Tensión corporal:

a. Haz un mapa de burbuja, trazando un círculo en torno al ítem que más tensión corporal te genere. Tómate unos cuantos minutos para anotar los pensamientos que, en torno al ítem en cuestión, se te ocurran. Engloba con un círculo otros elementos perturbadores.
b. Identifica y enumera tantos requisitos como te sea posible:

c. ¿Cómo actúas desde ese estado?

EJEMPLO DE MAPA A: A QUÉ PERSONA O SITUACIÓN TRATO DE EVITAR

Conducen como si estuvieran borrachos

Todo está en obras

Esto es una trampa mortal

Nadie tiene cuidado

Conducir por autopista

Quizás esté loco

Conducen como locos

Hay muchos accidentes

Nadie presta atención

Tensión corporal:
Opresión en el pecho
Dificultades para respirar

Requisitos:
La gente no debería conducir tan mal
No debería haber tantas obras
Las autopistas deberían ser seguras

EJEMPLO DE MAPA B: A QUÉ PERSONA O SITUACIÓN TRATO DE EVITAR

Podría hacerme daño

Soy sucia

Dejaré de gustarle cuando descubra cómo soy

Quiere salir conmigo

Cita con un hombre

Es atractivo

Estoy muy asustada

Soy débil

No es seguro

Esto acabará mal

Tensión corporal:
Hombros levantados
Dolor de estómago

Requisitos:
No debería hacerme daño
Debería sentirme más segura
Tengo que ser fuerte

3. Haz de nuevo el mapa de la situación o persona que tratas de evitar. Escribe, en el interior de la figura adjunta, la actividad, lugar, persona o suceso en cuestión. Pero escucha ahora, antes de empezar a escribir, los sonidos procedentes del entorno y siente la presión de tu cuerpo sobre el asiento, el apoyo de las plantas de los pies sobre el suelo y el contacto del bolígrafo con tus dedos. Empieza a escribir, cuando te hayas centrado sin dejar, por ello, de sentir el bolígrafo entre los dedos, prestando atención a los sonidos del entorno y observando el trazo dejado por la tinta sobre el papel. Anota, durante unos pocos minutos, todos los pensamientos que, al respecto, acudan a tu mente.

MAPA CONEXIÓN CORPOMENTAL DE LA PERSONA O SITUACIÓN QUE TRATO DE EVITAR

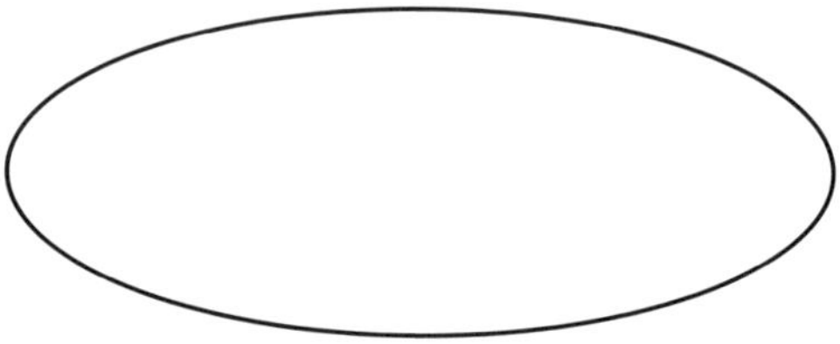

Anota las diferencias que adviertas entre ambos mapas:

a. ¿Cuál es tu estado corporal después de la conexión corpomental?

____

____

Las prácticas de conexión corpomental evidencian que la necesidad de evitar a determinadas personas o situaciones depende de tu sistema de identidad. Ten en cuenta que, cuando tu sistema de identidad está hiperactivo, renuncias a tu libertad de elección. Con un sistema de identidad más tranquilo, tus traumas pasados no limitan tus elecciones sobre la persona con la que te relacionas, el lugar al que ir o las actividades en las que puedes participar.

b. ¿Puedes desactivar ahora los requisitos del mapa anterior cuando la situación se presenta de nuevo y recuperar, de ese modo, tu libertad de elección? Sí ______ No ______

DÍA CINCO FECHA: ____________

1. Dedica unos momentos cuando, a lo largo del día, te encuentres emocionalmente embotado, a conectar con tus sentidos y regresa luego a la actividad que estabas llevando a cabo.

a. ¿Qué ha sucedido cuando has conectado con sus sentidos?

b. ¿Qué hechos han movilizado tu sistema de identidad y te han llevado a sentirte embotado?

c. ¿Puedes identificar los requisitos subyacentes?

d. ¿Cómo has desactivado los requisitos?

Es importante reconocer, siempre que aparezcan emociones no deseadas, los requisitos subyacentes que hacen que te sientas embotado (como, por ejemplo, «no quiero sentir esto ni pensar aquello»). El uso de las prácticas de conciencia de la conexión corpomental te permite darte cuenta de que eres mucho más que tu evento traumático pasado o los sentimientos que pretendes evitar. Establecer el hábito de utilizar tus prácticas de conciencia de la conexión corpomental resulta esencial para sentirte nuevamente vivo.

2. Haz ahora un mapa emocional. Escribe, en el interior de la figura adjunta, la emoción que más afecta a tu vida (como, por ejemplo, la ira, la furia, la tristeza o el embotamiento) y anota luego, en torno a ella y sin censurarlos, los pensamientos que, al respecto, se te ocurran durante un intervalo de tres a cinco minutos. Anota finalmente las tensiones corporales que adviertas.

MAPA DE LA EMOCIÓN

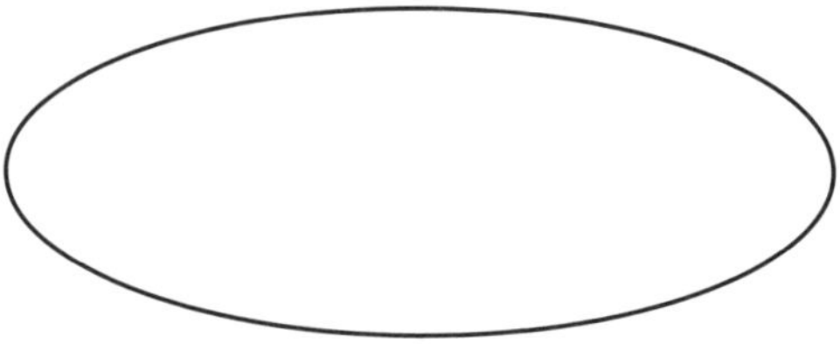

Tensión corporal:

____

____

a. Elabora un mapa de burbuja trazando un círculo en torno al pensamiento que más tensión corporal te provoque. Tómate unos cuantos minutos para anotar más pensamientos en torno al ítem central. Envuelve con una burbuja cualquier otro ítem que te resulte perturbador.

____

b. Identifica y enumera todos los requisitos que puedas:

____

c. ¿Cómo actúas desde ese estado?

____

3. Dibuja el mapa de nuevo escribiendo la misma emoción en el interior de la figura adjunta. Escucha ahora, antes de empezar a escribir, los sonidos procedentes del entorno, siente la presión de tu cuerpo sobre el asiento, el apoyo de las plantas de los pies sobre el suelo y el contacto de los dedos con el bolígrafo que sostienes entre los dedos. Sigue sintiendo, una vez asentado, el bolígrafo y empieza a escribir, observando el rastro dejado por la tinta sobre el papel. Toma nota, durante varios minutos, de todos los pensamientos que, al respecto, acudan a tu mente.

MAPA EMOCIONAL CON CONEXIÓN CORPOMENTAL

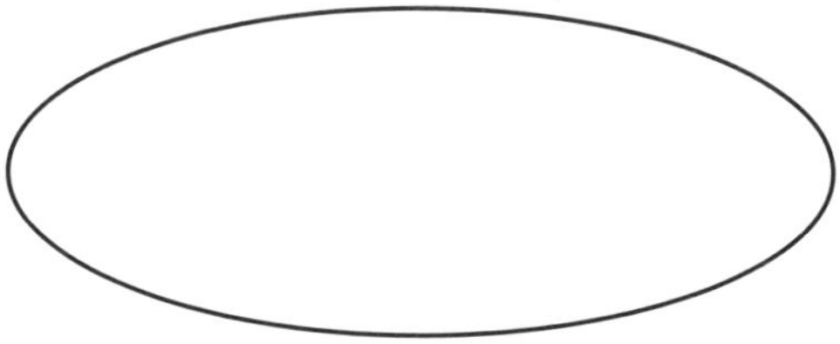

¿Cuál es tu estado corpomental después de la conexión y de qué modo actúas desde ese estado?

____

____

____

Todas las emociones, como todos los pensamientos, emanan del funcionamiento natural hasta que se ven capturadas por el sistema de identidad. Cuando, durante el día, parezca que tus emociones están despojándote de lo mejor de ti, recurre a las prácticas de conciencia de la conexión corpomental y etiquetado de los pensamientos para reconocer las dos partes que constituyen tus emociones, es decir, los pensamientos y las sensaciones corporales. Como el presente mapa te habrá enseñado, cuando tu cuerpo está en calma, las emociones no pueden usurpar el lugar que, a tu yo verdadero, le corresponde en el asiento del conductor. Compruébalo ahora mismo. Evoca una situación emocionalmente perturbadora, escucha los sonidos procedentes del entorno y date cuenta de lo que le sucede a tu cuerpo. Para poder asumir el control, el sistema de identidad necesita que tu cuerpo esté tenso.

DÍA SEIS **FECHA:** ____________________

1. Anota ahora las tres cosas que más lastran tu vida. ¿Se refieren acaso a tu aspecto, inteligencia, hijos, falta de dinero, educación, profesión, trauma o alguna otra cosa?

____

____

2. Haz un mapa de las cosas que más te lastran. Escribe luego, dentro de la figura adjunta, el peso que ahora lastre más tu vida. Anota luego rápidamente, sin censurarlos, en torno a la figura, los pensamientos que, al respecto, se te ocurran dedicando, a ello, entre tres y cinco minutos. Luego escribe las tensiones corporales asociadas que experimentes.

MAPA DE LO QUE ESTÁ LASTRÁNDOME

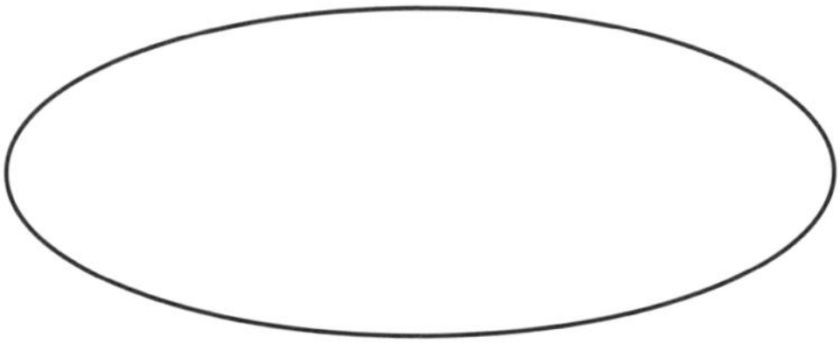

Tensión corporal:

____

____

a. Enumera tus guiones:

____

b. Enumera tus requisitos:

____

c. ¿Cómo actúas desde ese estado?

____

3. Repite de nuevo el mismo mapa y escribe, en el interior de la figura adjunta, el problema que te está lastrando. Pero ahora escucha, antes de empezar a escribir, los sonidos procedentes del entorno, siente la presión de tu cuerpo sobre el asiento, el apoyo de las plantas de los pies sobre el suelo y el contacto de los dedos con el bolígrafo que sostienes en la mano. Y sigue sintiendo, una vez asentado, el bolígrafo en la mano y empieza a escribir todos los pensamientos que acudan a tu mente. No dejes de prestar atención a los sonidos procedentes del entorno ni de observar el trazo dejado por la tinta sobre el papel. Anota todos los pensamientos que, durante los próximos minutos, acudan a tu mente.

MAPA CON CONEXIÓN CORPOMENTAL
DE LO QUE ESTÁ LASTRÁNDOME

a. ¿Cuál es el estado de tu cuerpomente después de la conexión corpomental?

b. ¿Son las cosas que anotaste en tu mapa anterior lo que realmente está lastrándote o se corresponden con alguno de los requisitos enumerados?

c. ¿Puedes advertir la existencia, en este mapa, de nuevas opciones que te permitan avanzar? Enuméralas:

DÍA SIETE **FECHA:** ____________________

1. Dedica hoy unos instantes, cuando te sientas irritado, enojado, en guardia, fácilmente sobresaltado o sencillamente cuando tengas dificultades para concentrarte, a conectar con los sentidos utilizando tus herramientas favoritas de conexión corpomental.

a. Enumera las situaciones. ¿Qué fue lo que sucedió?

____

____

____

____

b. ¿Reconociste los requisitos subyacentes? Si es así, enuméralos:

____

____

____

____

c. ¿Te das cuenta de que es el sistema de identidad activado por tus requisitos el que te genera malestar y te impone restricciones y conductas perturbadoras? Sí ______ No ______

d. ¿Puedes experimentarte a ti mismo como si no fueses un ser incompleto o dañado? Sí ______ No ______

2. Enumera todas las situaciones anteriores que, a pesar de emplear las prácticas de conexión corpomental, siguen molestándote.

____

____

____

____

3. Haz un mapa con la más preocupante de todas las situaciones que hayas enumerado en la lista anterior. Escríbela en la figura adjunta y anota, en torno a ella, tus pensamientos, sin revisarlos, durante un periodo de entre tres y cinco minutos. Anota finalmente las tensiones corporales asociadas.

MAPA DE LA SITUACIÓN QUE TODAVÍA ME PERTURBA

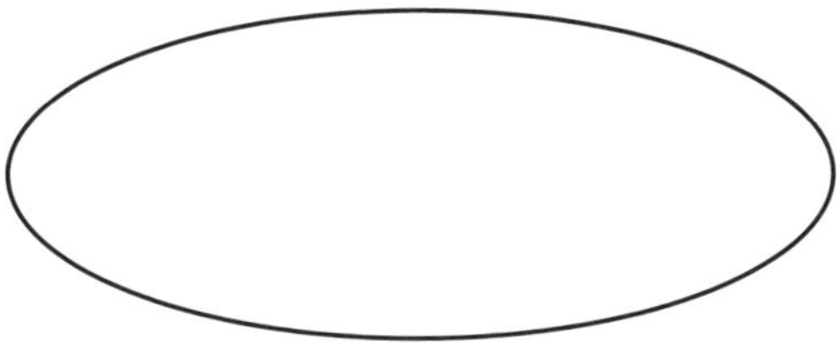

Tensión corporal:

a. Haz un mapa de burbujas trazando un círculo en torno al pensamiento que más tensión corporal te genere. Dedica varios minutos a escribir más pensamientos en torno al ítem contemplado. Rodea con una burbuja los demás ítems inquietantes.

b. Identifica todos los requisitos que puedas:

c. ¿Cómo actúas desde ese estado?

4. Haz un nuevo mapa escribiendo, en el interior de la figura adjunta, la misma situación. Pero escucha ahora, antes de empezar a escribir, los sonidos procedentes del entorno, siente la presión de tu cuerpo sobre el asiento, siente el apoyo de las plantas de los pies en el suelo y siente el bolígrafo que sostienes entre los dedos de la mano. Y sigue sintiendo, una vez asentado, el bolígrafo en la mano mientras empiezas a escribir. Observa el trazo dejado por la tinta sobre el papel y escucha los sonidos del entorno. Dedica luego varios minutos a anotar todos los pensamientos que, al respecto, se te ocurran.

MAPA CON CONEXIÓN CORPOMENTAL DE LA SITUACIÓN QUE TODAVÍA ME PERTURBA

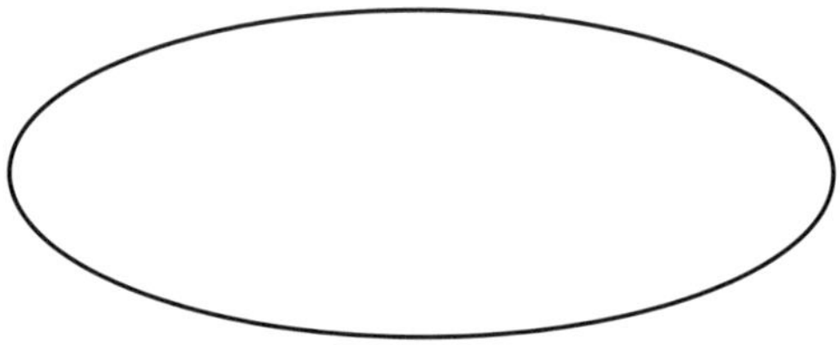

a. ¿Cuál es ahora el estado de tu cuerpomente?

b. Describe el modo en que afrontarás esa situación cuando aparezca nuevamente:

5. Vuelve ahora a tu tabla de síntomas del Día Uno, ubicada al comienzo del presente capítulo. Escribe, en una hoja de papel aparte, un mapa de los síntomas que todavía persistan. No olvides utilizar todas las herramientas de conexión (prácticas de conciencia de la conexión corpomental, de etiquetado de los pensamientos y de reconocimiento y desactivación de los requisitos). Date cuenta de que los síntomas pierden el poder que, en algún momento, tuvieron.

Escala CMC de evaluación semanal
Resolución gradual de los recuerdos traumáticos

Fecha: ____________________

¿Cómo ha funcionado, durante la pasada semana, tu práctica? Escoge, de entre las siguientes, la valoración que más se adapte a tu caso (casi nunca, ocasionalmente, habitualmente o casi siempre).

¿Con qué frecuencia...	**Casi nunca**	**Ocasionalmente**	**Habitualmente**	**Casi siempre**
percibes que los recuerdos traumáticos generan tensión corporal y ruido mental?				
adviertes que, cuando tu sistema de identidad captura recuerdos del trauma, obstaculiza tu vida?				
reconoces que los requisitos sobre los traumas pasados están en el origen de tus síntomas?				
experimentas, a lo largo del día, los efectos beneficiosos derivados de la desactivación de los requisitos que movilizan tu sistema de identidad?				
requisitos que movilizan tu sistema de identidad?				
impides la reactivación de tu sistema de identidad para no verte obligado a revivir los recuerdos traumáticos?				
utilizas las prácticas de conexión corpomental para sentirte conectado con tu cuerpo y tus actividades cotidianas?				
duermes, te relajas y te concentras mejor y adviertes que tienes incluso una disposición más equilibrada?				

Enumera tres requisitos que hayas desactivado:

____

____

____

Ilustra con tres ejemplos los cambios que, desde que utilizas la conexión corpomental, ha experimentado tu vida:

____

____

____

____

8

ENFRENTARTE AL TRAUMA: DESENCADENANTES Y MIEDOS

En el presente capítulo centraremos nuestra atención en los miedos y desencadenantes asociados al trauma que obstaculizan la autocuración. Te darás cuenta de que los causantes de tu malestar no son las actividades presentes, el suceso traumático pasado ni los recuerdos de tu trauma. Lo que moviliza tu sistema de identidad y alienta la falsa creencia de que estás dañado e incompleto y dañado son, por el contrario, tus requisitos presentes.

Los desencadenantes son sucesos actuales que, al no satisfacer tus requisitos, movilizan tu sistema de identidad. Una vez activado, el sistema de identidad crea guiones (recuerdos, en este caso, del trauma pasado) que generan malestar en tu cuerpomente. Cuando cobras conciencia de la presencia de un desencadenante (como, por ejemplo, un sonido, un olor o algo que una persona dice o hace), es importante que te des cuenta de que también está señalándote el verdadero responsable, es decir, tu requisito. Este capítulo te ayudará a ver que no tienes por qué ser víctima de tus temores, limitaciones o eventos traumáticos pasados, que tu cuerpomente puede curarte del TEPT y que la paz mental está a tu alcance.

DÍA UNO **FECHA:** ____________________

1. Un suceso o un pensamiento sólo puede activar el sistema de identidad cuando es incapaz de satisfacer alguno de tus requisitos. Toma nota, durante todo el día, de cualquier acontecimiento perturbador que te recuerde un trauma pasado. Describe también cualquier tipo de tensión corporal asociada al acontecimiento en cuestión. Toma nota de tus experiencias.

Desencadenante actual	Requisito no satisfecho	Mi reacción	Evento traumático
Ruido de helicóptero	El helicóptero no debería sobrevolar mi casa	Opresión en el pecho, puños cerrados, aceleración del pulso, deseo de correr para ponerme a salvo	Combate

Recuerda que lo que activa tu sistema de identidad y te genera malestar no es tanto el suceso o detonante actual, como el fracaso en satisfacer tu requisito.

2. Haz un mapa de los desencadenantes. Elige uno de los desencadenantes que hayas enumerado en la tabla anterior y anótalo en el interior de la figura adjunta. Luego escribe, en torno a la figura, todos los pensamientos que, al respecto, se te ocurran, dedicándole entre tres y cinco minutos, sin revisar lo que escribes. Anota finalmente las tensiones corporales asociadas que adviertas.

MAPA DE DESENCADENANTES

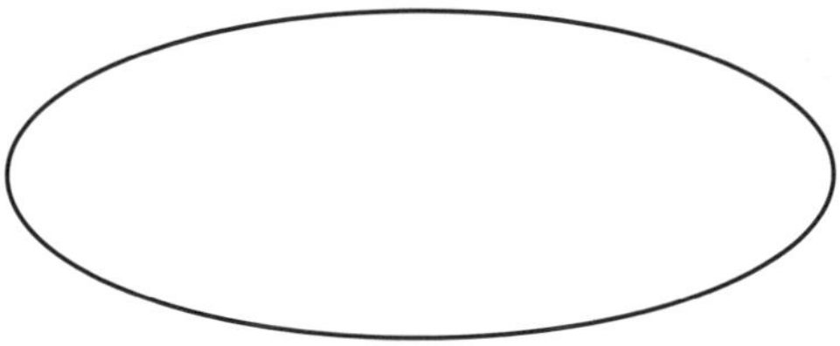

Tensión corporal:

a. Dibuja un mapa de burbujas trazando un círculo en torno al pensamiento que más tensión corporal te provoque. Dedica luego unos minutos a escribir más pensamientos en torno al elemento anotado. Rodea con burbujas todos los ítems problemáticos.

b. Enumera tus requisitos:

c. ¿Cómo actúas en esa situación?

3. Haz un nuevo mapa de los desencadenantes escribiendo el mismo detonante en la figura adjunta. Pero escucha ahora, antes de empezar a escribir, los sonidos procedentes del entorno, siente la presión de tu cuerpo sobre el asiento, el apoyo de las plantas de los pies en el suelo y el contacto del bolígrafo con los dedos de tu mano. Y sigue sintiendo, una vez asentado, el bolígrafo que sostienes en la mano mientras empiezas a escribir. Observa el trazo dejado por la tinta sobre el papel y escucha los sonidos procedentes del entorno. Anota todos los pensamientos que, durante varios minutos, se te ocurran al respecto.

MAPA CON CONEXIÓN CORPOMENTAL
DE LOS DESENCADENANTES

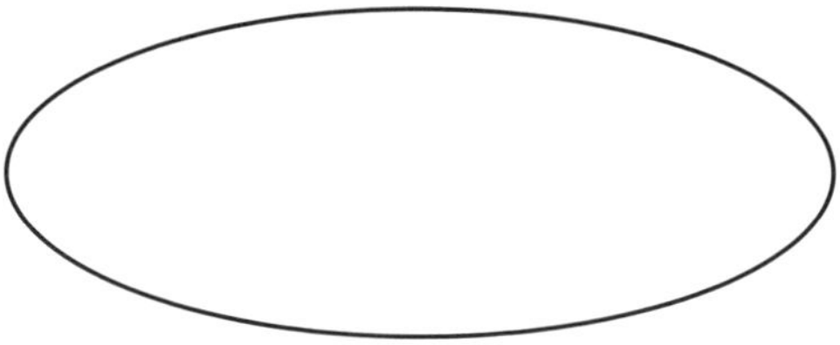

a. ¿Qué diferencias adviertes entre este mapa y el anterior?

b. ¿Cómo actúas, cuando tu sistema de identidad está en calma, en el caso de verte expuesto a un desencadenante?

Toma nota, cada vez que adviertas síntomas de hiperactividad de tu sistema de identidad (como tensión corporal o la emergencia de recuerdos traumáticos), de que eso significa que hay nuevos requisitos que desactivar, muchos de los cuales se encuentran recogidos en el mapa anterior. Una vez desactivados los requisitos de algún desencadenante puedes enfrentarte a él, como ya sabes, sin que tu sistema de identidad se dispare.

DÍA DOS **FECHA:** ____________________

1. Conecta, cuando un suceso actual dispare tu sistema de identidad, con tus sentidos y descubre cuál es el requisito oculto. Habrás desactivado el requisito cuando tu práctica de conexión corpomental te ayude a enfrentarte a los desencadenantes del pasado asociados al trauma sin perturbación alguna en tu cuerpo ni en tu mente. En ese momento, estarás funcionando naturalmente. Registra por escrito tus experiencias:

Desencadenante actual	Requisito	Reacción anterior	Reacción presente
Ruido de helicóptero	*Los helicópteros no deberían sobrevolar mi casa*	*Opresión en el pecho, puños apretados, aceleración del pulso, necesidad de correr para ponerme a salvo*	*Leve sobresalto, leve opresión en el pecho, seguir caminando hasta el trabajo*

¿Qué requisitos has podido desactivar y cómo lo conseguiste?

Requisitos desactivados	Herramientas de conexión corpomental
Los helicópteros no deberían sobrevolar mi casa	*Pude reconocer mi requisito frotando las yemas de los dedos*

2. Haz un mapa del desencadenante. Elige, de la tabla anterior, un requisito que no hayas podido desactivar. Anota, en la parte superior del mapa, el detonante en cuestión y escribe, en el interior de la figura adjunta, el requisito que lo provoca. Anota luego en torno a la figura, durante un periodo de entre tres y cinco minutos, todos los pensamientos que, al respecto, se te ocurran, sin ejercer censura alguna. Toma finalmente nota de las tensiones corporales que adviertas.

MAPA DEL REQUISITO DESENCADENANTE

Mi desencadenante es

____

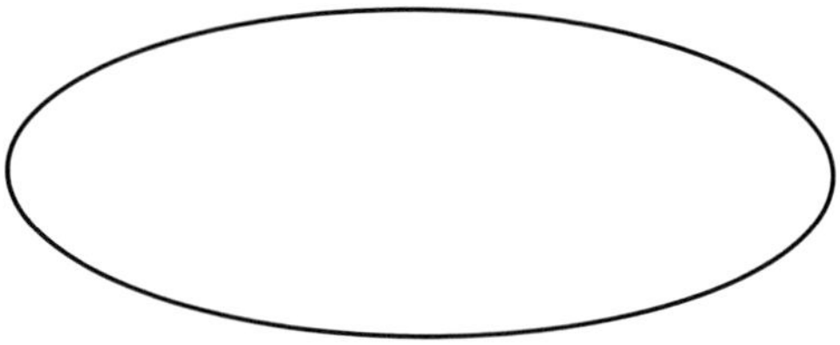

____

Tensión corporal:

____

____

____

a. Haz un mapa de burbuja trazando un círculo en torno al pensamiento que más tensión corporal te genere. Tómate unos minutos para anotar más pensamientos en torno al ítem rodeado por el círculo. Y señala también, rodeándolo por una burbuja, cualquier otro ítem perturbador.

b. Enumera tus requisitos:

____

____

____

c. ¿Cómo actúas en esta situación?

2. Haz un nuevo mapa del desencadenante, escribiendo el mismo detonante en la parte superior del mapa y el mismo requisito en la figura inferior. Escucha ahora, antes de empezar a escribir, los sonidos procedentes del entorno y siente la presión de tu cuerpo sobre el asiento, el apoyo de las plantas de los pies sobre el suelo y el contacto del bolígrafo con los dedos de la mano. Sigue sintiendo, una vez estés más centrado, el bolígrafo en la mano y empieza a escribir. Observa entretanto los sonidos procedentes del entorno y el trazo dejado por la tinta sobre el papel. Anota todos los pensamientos que, durante los próximos minutos, se te ocurran al respecto.

MAPA CON CONEXIÓN CORPOMENTAL
DEL REQUISITO DESENCADENANTE

Mi desencadenante es

____

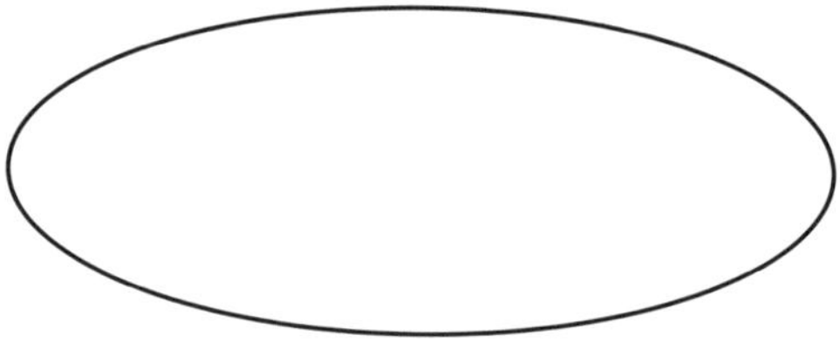

____

a. ¿Qué diferencias adviertes entre este mapa y el anterior.

____

____

b. El detonante es, en este mapa, el mismo, pero tu estado corpomental ha variado. ¿Cómo te enfrentarás al detonante cuando se presente de nuevo?

____

____

Ahora te parecerá evidente que la causa de tu malestar no reside tanto en el evento, como en tus requisitos insatisfechos. Es por ello que la capacidad de identificar y desactivar los requisitos resulta esencial para poder curarte de tu TEPT.

DÍA TRES **FECHA:** ____________________

1. Sigue conectando con tus sentidos e identificando los requisitos ocultos cada vez que un suceso actual desencadene la activación de tu sistema de identidad. ¿Qué es lo que sucede?

____

____

2. Anota todas las conductas perturbadoras o síntomas relacionados con tu trauma que aparezcan durante el día como, por ejemplo, evitar determinadas personas y situaciones, embotamiento, abuso de alcohol o drogas, enojarte fácilmente, sentirte inquieto o deprimido, incapacidad para concentrarse, problemas de relación o problemas en el trabajo o la escuela. ¿Cuáles son los desencadenantes actuales? Consigna también los requisitos que adviertas y el acontecimiento traumático en cuestión.

Conducta o síntoma problemático	Desencadenante actual	Requisitos	Suceso traumático
Grité a mi esposa y casi la empujé	*Mi esposa me ha preguntado por qué, desde que volví de Irak, no soy el mismo*	*Mi esposa no debería preguntarme esas cosas*	*Irak*
Me he sentido completamente embotado	*Vi una película romántica en la televisión*	*No tendría que ver películas románticas*	*Violación*
He bebido	*Malos recuerdos*	*No debería tener malos recuerdos*	*Abuso infantil*

3. Elabora un mapa de alguno de los requisitos anotados en la tabla anterior que te haya resultado difícil desactivar. Toma nota, en la parte superior del mapa, del suceso que lo provoca y del requisito en el interior de la figura adjunta. Y escribe también, en torno a la figura, todos los pensamientos que se te ocurren cuando piensas que ese requisito no se ha visto satisfecho. Escribe luego, durante un periodo de entre tres y cinco minutos, todos los pensamientos, sin censurarlos, que al respecto se te ocurran. Y anota finalmente las tensiones corporales que adviertas.

MAPA DEL REQUISITO

Mi desencadenante es

____

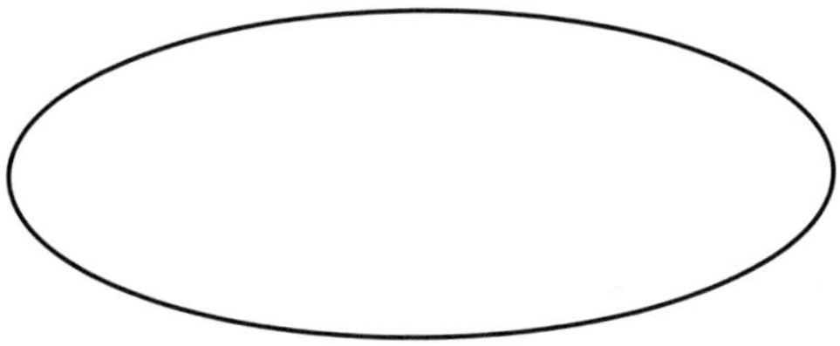

Tensión corporal:

____

____

a. Enumera otros requisitos que descubras:

____

____

La identificación del requisito («los helicópteros no deberían sobrevolar mi casa») que subyace al desencadenante («ruido de helicóptero») quizás sea insuficiente al comienzo para aquietar tu sistema de identidad pero, si perseveras adecuadamente en ello, el mapa de burbujas acabará mostrándote el requisito oculto (como, por ejemplo, «el helicóptero de evacuación médica debería haber llegado antes de que Tom muriese»). La mayor claridad de tus requisitos proporcionada por los mapas desactivará, en tiempo real, tu desencadenante actual.

____

____

b. Dibuja una burbuja en torno al ítem que más tensión corporal te genere. Rodea con círculos los demás requisitos perturbadores.

c. ¿Qué otros requisitos has descubierto?

____

____

4. Haz de nuevo el mismo mapa, escribiendo el mismo suceso en la parte superior y el mismo requisito en la figura adjunta inferior. Pero escucha ahora, antes de empezar a escribir, los sonidos procedentes del entorno, siente la presión de tu cuerpo sobre el asiento, siente el apoyo de las plantas de los pies sobre el suelo y siente el contacto del bolígrafo con los dedos de la mano. Y sigue sintiendo, una vez asentado, el bolígrafo en la mano y empieza a escribir. Observa el rastro dejado por la tinta sobre el papel mientras escuchas los sonidos del entorno. Anota luego, durante los próximos cinco minutos, todos los pensamientos que, al respecto, acudan a tu mente.

MAPA CON CONEXIÓN CORPOMENTAL DEL REQUISITO

Mi desencadenante es

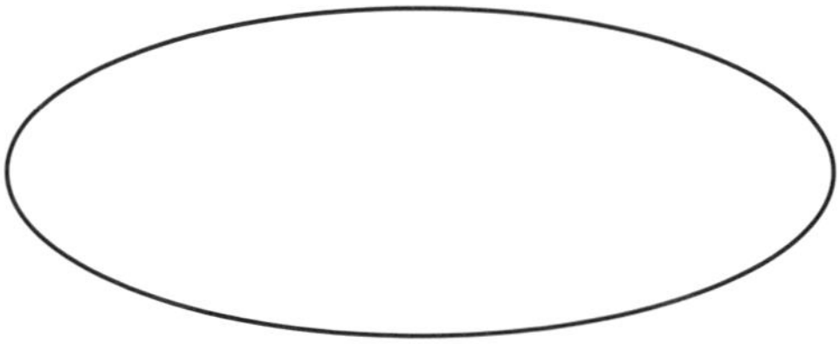

a. ¿En qué difiere este mapa del anterior?

b. ¿Cómo actúas desde ese estado?

c. Vuelve a echar un vistazo a la columna de requisitos de las tareas consignadas para el día de hoy. Esboza luego, en una hoja de papel aparte, un mapa de los requisitos que todavía te quedan por desactivar. Utiliza todas las herramientas de trazado de mapas y conexión corpomental que has aprendido.

DÍA CUATRO **FECHA:** ____________________

1. Nuestras experiencias perturbadoras están relacionadas, con mucha frecuencia, con pensamientos de temor. Date cuenta, a lo largo de toda la jornada, de los hechos que más miedo te provoquen. Identifica el requisito que se oculta detrás de cada uno de ellos.

Suceso	Miedo	Requisito
Mi esposa está enfadada conmigo	*Mi esposa me va a dejar*	*Mi esposa no debería enfadarse* *Mi esposa no debería dejarme*
Pesadilla	*Nunca volveré a estar bien* *Estoy loco*	*No debería tener pesadillas* *Debería ponerme bien* *No debería estar loco*

2. Enumera tus tres principales temores sobre tu vida. Identifica y enumera los requisitos que se ocultan detrás de cada uno de ellos:

   a. ____________________

   ____

   b. ____________________

   ____

   c. ____________________

   ____

3. Haz un mapa de tu miedo, anotando tu principal temor en el centro de la figura adjunta. Anota luego tus pensamientos, sin revisarlos, en torno a dicha figura durante un periodo de entre tres y cinco minutos. Describe luego las tensiones corporales asociadas.

MAPA DEL MIEDO

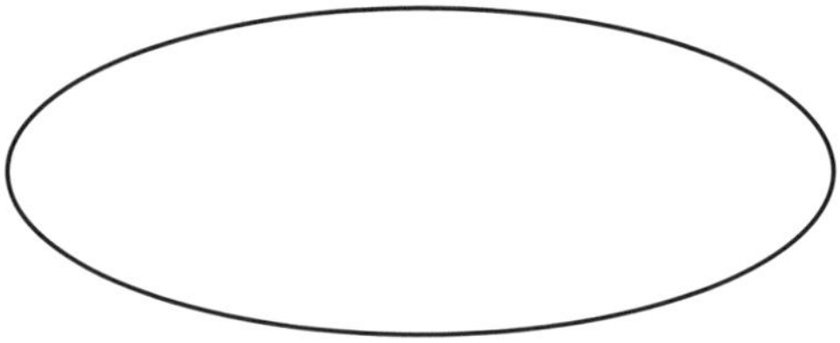

Tensión corporal:

____

____

a. Haz un mapa de burbuja trazando un círculo en torno al pensamiento que más tensión corporal te genere.

____

____

b. Enumera tus guiones:

____

____

c. Enumera tus requisitos.

El miedo es una emoción natural que nos advierte de un posible peligro. Cuando, no obstante, el sistema de identidad se adueña de nuestros miedos, acaba convenciéndonos de que no podemos hacerles frente, lo que no sólo resulta paralizante, sino que nos convierte en víctimas de nuestro miedo. Luchar, sin embargo, contra el miedo jamás surte efecto. Quizás te resulte útil, en este sentido, saber que los dos componentes fundamentales del miedo son un pensamiento y una sensación corporal.

4. Esboza de nuevo el mismo mapa y anota tu miedo en el interior de la figura adjunta. Escucha ahora, antes de empezar a escribir, los sonidos procedentes del entorno, siente la presión de tu cuerpo sobre el asiento, siente el apoyo de las plantas de los pies sobre el suelo y siente también el contacto del bolígrafo con los dedos de tu mano. Y, sin dejar de sentir, una vez asentado, el bolígrafo entre los dedos, empieza a escribir. Sigue prestando entretanto atención a los sonidos circundantes y observa el rastro dejado por la tinta sobre el papel. Anota luego, durante varios minutos, todos los pensamientos que, al respecto, acudan a tu mente.

MAPA DEL MIEDO CON CONEXIÓN CORPOMENTAL

a. ¿Qué diferencias adviertes, en tu estado corpomental, entre este mapa y el anterior?

____

____

b. ¿Cómo podrías actuar, desde este estado, de manera diferente?

____

____

c. ¿Crees que podrás desactivar, la próxima vez que se presente la situación, los requisitos de tu mapa anterior? Sí ______ No ______

Que no sientas miedo no significa, desde el punto de vista de la conexión corpomental, que no lo tengas. El miedo es una emoción propia del funcionamiento natural. La valentía implica desactivar el requisito subyacente al miedo e impedir, de ese modo, que tu sistema de identidad se adueñe de ese temor y limite tu capacidad de relacionarte con la situación presente. Cuando, en lugar de reaccionar a lo que temes, desactivas tus requisitos, estás relacionándote con la situación desde la modalidad proactiva que caracteriza el funcionamiento natural de tu yo verdadero.

DÍA CINCO **FECHA:** ____________________

1. Enumera cinco situaciones en las que el exceso de pensamiento te haga sentir temeroso, limitado o bloqueado. Identifica el requisito que subyace a cada una de ellas:

Situación	Miedo, Limitación, Pensamientos	Requisitos
Compras de Navidad	*No puedo permanecer en lugares abarrotados*	*Debería poder ir a unos grandes almacenes*
Cambio de trabajo	*Soy incapaz de tomar decisiones*	*Tendría que poder tomar decisiones*
Estoy nervioso y no puedo relajarme	*Nunca volveré a ser una persona normal*	*Debería ser una persona normal y relajada*

El primer paso, para enfrentarte a una situación que te da miedo, consiste en advertir los primeros signos de hiperactividad del sistema de identidad (como, por ejemplo, tensión en los hombros o un nudo en el estómago). Apela luego a tus prácticas favoritas de conciencia de la conexión corpomental (como escuchar los sonidos procedentes del entorno o frotar los dedos entre sí) e identifica tus requisitos.

No olvides, a la hora de desactivar un requisito, que no es la situación (o el miedo) el causante de tu desasosiego, sino el sistema de identidad. Sé consciente, si el requisito con el que estás trabajando resulta difícil de desactivar, de la existencia de otros requisitos asociados que todavía no has identificado. La elaboración de mapas como el siguiente te ayudará en esta tarea.

2. Dibuja el mapa de una situación que, debido al exceso de pensamientos, te haya dejado con un sentimiento de temor, limitación o bloqueo. Escribe la situación en cuestión en el interior de la figura adjunta (por ejemplo, «necesito resolver esta relación») y anota luego, en torno a ella, todos los pensamientos que, al respecto, se te ocurran, sin censura alguna, durante un periodo de entre tres y cinco minutos. Consigna finalmente las tensiones corporales que adviertas.

MAPA DEL MIEDO, LA LIMITACIÓN O EL EXCESO DE PENSAMIENTOS

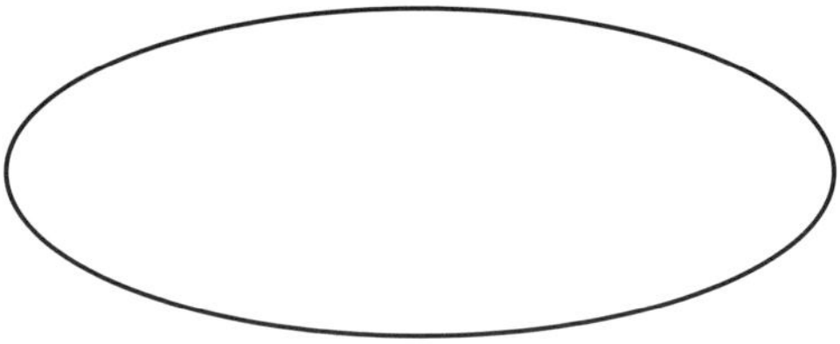

Tensión corporal:

____

____

a. ¿Cuáles son tus guiones?

____

____

b. ¿Cuáles son tus requisitos ocultos?

____

____

c. Dibuja un mapa de burbuja sobre cualquier cosa que todavía te inquiete trazando un círculo en torno al pensamiento que más tensión corporal te genere. Dedica unos cuantos minutos a registrar los pensamientos en torno al ítem rodeado por el círculo. Toma nota de tus requisitos. Engloba con una burbuja todos los ítems perturbadores.

3. Haz de nuevo el mapa anterior escribiendo la misma situación en el interior de la figura. Pero escucha ahora, antes de empezar a escribir, los sonidos procedentes del entorno y siente la presión de tu cuerpo sobre el asiento, el contacto de las plantas de los pies sobre el suelo y el contacto del bolígrafo con los dedos de la mano. Y sigue sintiendo, una vez centrado, el bolígrafo entre los dedos mientras empiezas a escribir. Observa el trazo dejado por la tinta sobre el papel al tiempo que escuchas los sonidos procedentes del entorno. Toma nota, durante unos cuantos minutos, de todos los pensamientos que, al respecto, acudan a tu mente.

MAPA CON CONEXIÓN CORPOMENTAL DEL MIEDO, LA LIMITACIÓN O EL EXCESO DE PENSAMIENTOS

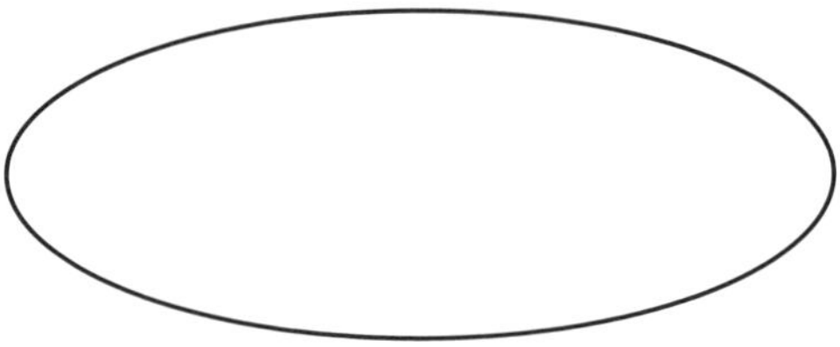

a. ¿Cuál es tu estado mental en este mapa en comparación con el anterior?

b. ¿Cómo actuarías, desde este estado, de manera diferente?

c. ¿Te sientes más preparado para identificar y desactivar requisitos cuando vuelvan a presentarse?

___

___

___

DÍA SEIS **FECHA:** ____________________

1. Dedica el día a conectar con tus sentidos. Descubre y desactiva tus requisitos siempre que un suceso actual dispare tu sistema de identidad.

a. ¿Qué ha sucedido?

____

____

b. Enumera los requisitos que hayas logrado desactivar:

____

____

c. Enumera los requisitos que todavía te sientas incapaz de desactivar:

____

____

d. Enumera algunas de tus actividades cotidianas que todavía no hayan sido liberadas de tu sistema de identidad, así como los requisitos ocultos tras cada una de ellas:

Actividad	Requisito
Mantener una relación íntima	*Debería poder mantener una relación íntima*
Beber demasiado	*Debería dejar de beber*
No poder estar con Dennis	*Debería poder estar con Dennis*

2. Haz ahora un mapa sobre alguna de las actividades cotidianas que todavía no hayas liberado (por ejemplo, «mantener una relación íntima»). Escribe, en el interior de la figura adjunta, el requisito que te quede por desactivar (como, por ejemplo, «debería tener una relación íntima») y anota, a su alrededor, sin revisarlos, todos los pensamientos que, al respecto, se te ocurran, durante un periodo de entre tres y cinco minutos. Anota finalmente las tensiones corporales asociadas.

MAPA DEL REQUISITO DIFÍCIL DE DESACTIVAR

Actividad cotidiana que necesitas desactivar:

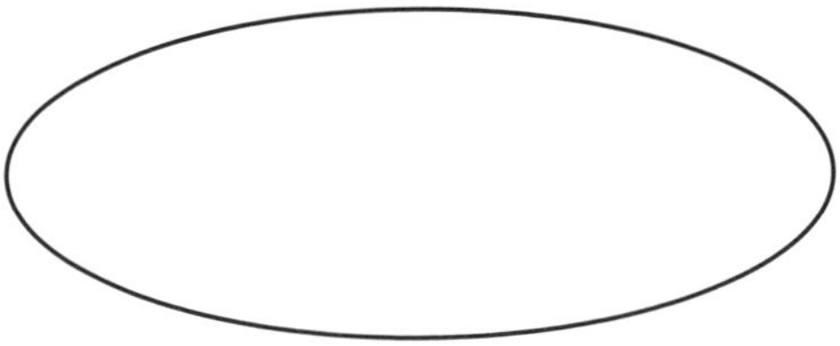

Tensión corporal:

a. Enumera los guiones que alientan el problema:

b. Enumera todos los requisitos ocultos que puedas identificar:

c. Traza un círculo en torno al ítem que más tensión corporal te genere y anota, en torno a él, los pensamientos asociados. ¿Has identificado más guiones y requisitos? Obligarte a hacer algo activa tu corrector pero, cuando desactivas tus requisitos, estás dejándote guiar por tu funcionamiento natural.

3. Haz de nuevo este mapa, escribiendo la misma actividad en lo alto y el mismo requisito en el interior de la figura adjunta. Escucha luego, antes de empezar a escribir, los sonidos procedentes del entorno, siente la presión de tu cuerpo sobre el asiento, siente el apoyo de las plantas de los pies sobre el suelo y el contacto del bolígrafo con los dedos de la mano. Y sigue sintiendo, una vez estés centrado, el bolígrafo entre los dedos mientras empiezas a escribir. Observa el trazo dejado por la tinta sobre el papel y no dejes de escuchar los sonidos que te rodean. Anota luego, durante los próximos minutos, todos los pensamientos que, al respecto, acudan a tu mente.

MAPA CON CONEXIÓN DEL REQUISITO DIFÍCIL DE DESACTIVAR

Actividad cotidiana que necesitas liberar:

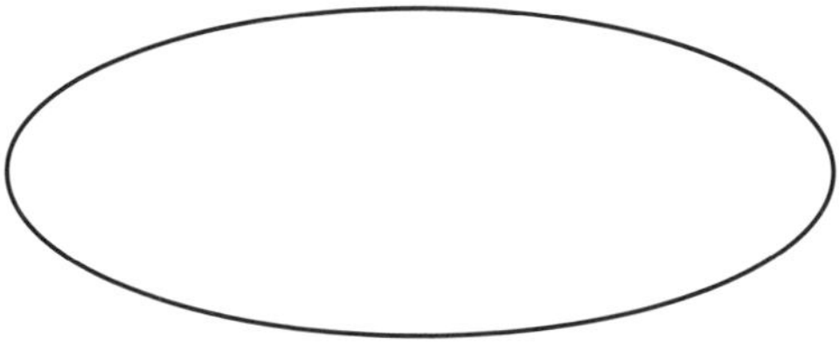

a. ¿Qué diferencia existe en tu estado entre este mapa y el anterior?

b. ¿Cómo actuarías de manera diferente desde este estado?

c. Describe el modo en que te guía el funcionamiento natural de tu yo verdadero:

DÍA SIETE **FECHA:** ____________________

1. Apela, durante todo el día, a todas las prácticas de conexión corpomental que hayas aprendido. Trata de advertir los eventos, miedos, limitaciones o exceso de pensamientos desencadenantes y las tensiones corporales o ruidos mentales que les acompañen. Utiliza las prácticas de conciencia de conexión corpomental y etiquetado de los pensamientos mientras vas identificando tus requisitos y tus guiones. Elabora ahora un mapa que te permita identificar los requisitos más difíciles de desactivar que obstaculizan tu progreso. Haz para ello, de ser necesario, un mapa de burbujas.

a. ¿Cómo ha ido el día?

b. ¿Te das cuenta de que no eres una víctima de tu trauma pasado?
Sí ______ No ______

Cuando te familiarizas con tu sistema de identidad, tu mente, tu cuerpo y tu espíritu curan de manera natural.

2. Haz un mapa de la paz mental. Piensa en todo aquello que podría proporcionarte paz mental. Anota, pasados unos minutos, los pensamientos que se ocurran en torno a la figura adjunta (por ejemplo, «un buen trabajo, una familia sana, vecinos que se ocupan de sus propios asuntos»). Tómate el tiempo que necesites y sé lo más concreto que puedas.

a. Evalúa, con cada ítem, el grado de tensión corporal que experimentas cuando te das cuenta de que *no* se cumplirá (utilizando, para ello, la siguiente escala: Ø nada, + moderado, ++ intermedio, +++ severo).

b. ¿Qué es lo que adviertes?

____

____

____

____

Como ya sabes, los ítems con más signos son tus requisitos. Tu sistema de identidad alienta la falsa creencia de que la paz mental depende de la satisfacción de tus requisitos. Pero lo cierto es que, para *encontrar* la paz mental, no necesitas analizarla. Si lo haces, te verás impulsado por tu sistema de identidad. La verdadera paz mental sólo se logra después de identificar y desactivar tus requisitos ocultos. Sólo entonces podrás experimentar tu manantial omnipresente de curación, bondad, belleza, poder y sabiduría.

c. ¿Te das cuenta de que la única paz mental real es la que se deriva de un sistema de identidad en calma? Sí ______ No ______

Escala CMC de evaluación semanal
Enfrentarte al trauma: desencadenantes y miedos

Fecha: ____________________

¿Cómo ha funcionado, durante la pasada semana, tu práctica? Escoge, de entre las siguientes, la valoración que más se adapte a tu caso (casi nunca, ocasionalmente, habitualmente o casi siempre).

¿Con qué frecuencia...	**Casi nunca**	**Ocasionalmente**	**Habitualmente**	**Casi siempre**
reconoces que la tensión corporal, el funcionamiento deficiente y los recuerdos traumáticos son indicadores de una hiperactividad de tu sistema de identidad?				
te das cuenta de que los desencadenantes te perturban porque no llegan a satisfacer un determinado requisito?				
identificas los requisitos que subyacen a los desencadenantes?				
desactivas los requisitos en tiempo real?				
experimentas menos flashbacks y respuestas emocionales menos intensas en las situaciones que te recuerdan el trauma?				
te sientes más cómodo y menos limitado?				
te sientes más interesado en el mundo que te rodea y no tienes tanta necesidad de evitar determinadas situaciones?				
te das cuenta de que el hecho de tranquilizar tu sistema de identidad contribuye a sanar tu trauma?				

Enumera tres situaciones que antes solían incomodarte porque te recordaban a tu trauma y en las que ahora te desenvuelvas bien:

____

____

Enumera los requisitos relacionados con las situaciones anteriores que hayas podido desactivar:

___

___

Enumera tres recuerdos traumáticos que no movilicen ya tu sistema de identidad:

___

___

9

CURAR LAS HERIDAS SECUNDARIAS Y ENFRENTARSE AL FUTURO CON UNA MENTE EN PAZ

Los exploradores no se alejan nunca de su brújula, porque de ella depende que puedan seguir la dirección correcta. Tu sistema de identidad es la brújula que te acompaña durante toda la vida y te indica, mediante la tensión corporal y el ruido mental, que estás alejándote del rumbo correcto. Resulta esencial, si quieres curarte y vivir la vida lo mejor posible, que seas capaz de utilizar esta información.

El sistema de identidad es muy activo. Pero debes saber que, si utilizas las prácticas de conciencia de conexión corpomental para aquietar tu sistema de identidad *antes* de haber identificado claramente el requisito, éste activará de nuevo el sistema de identidad, reduciendo tu capacidad de autocuración.

Este capítulo te presentará una modalidad avanzada y rápida de mapeo –denominada *mapeo de poder*– que te permitirá descubrir los requisitos ocultos. Se trata de una herramienta de asociación libre que amplía rápidamente tu conciencia de los requisitos que subyacen a un problema, situación, acontecimiento o persona. En tal caso esbozas, sin recurrir a tus prácticas de conciencia de la conexión corpomental, un mapa tras otro, observando simplemente la hiperactividad de tu sistema de identidad. Y es que, cuando llevas a cabo un mapa de este tipo, tu sistema de identidad tiene vía libre, pero quien ocupa el asiento del conductor, no obstante, es tu yo verdadero.

En el presente capítulo, esbozarás mapas relativos a tus experiencias *dolorosas secundarias*. Y con ello nos referimos a aquellos casos en que una persona dice o hace algo que, por estar relacionado con su experiencia traumática, le resulta doloroso. De este modo, aprenderás que el futuro no es ningún enemigo y que no necesitas, en consecuencia, tenerle miedo. Para ello, seguirás utilizando las mismas herramientas de conexión corpomental con el fin de revelar los mitos, limitaciones y falsas creencias sobre ti alentadas por la hiperactivación de tu sistema de identidad. Resulta esencial, para tu progreso, el desarrollo de la capacidad de familiarizarte con tu sistema de identidad y de aquietarlo. Comencemos, pues, para que puedas recuperar la paz mental y la sensación de bienestar con respecto a tu futuro.

DÍA UNO **FECHA:** ____________________

1. Toma nota de todas aquellas situaciones en las que, a lo largo del día, alguien diga o haga algo que, por estar asociado a un suceso traumático, te dañe. Completa el siguiente estadillo:

Situación	Tensión corporal	Requisito	Tu reacción
Mi madre me pregunta: «¿Por qué eres la única persona de la familia a la que le ha pasado algo así?»	*Tensión en el pecho y opresión en la cabeza.*	*Mi madre tendría que mostrarse más comprensiva con respecto a mi violación.*	*Siento como si me encerrase en mi interior. Quiero alejarme de ella.*

2. Esboza un mapa de tu experiencia dolorosa secundaria más reciente tomando, como punto de partida, el cuadro anterior. Anota la experiencia en cuestión en el interior de la figura adjunta y escribe, en torno a ella, todo lo que, al respecto, se te ocurra durante un periodo de entre tres y cinco minutos. Eso permitirá, en este estadio avanzado de la práctica, que tus pensamientos y sentimientos, estén o no relacionados con tu experiencia traumática, fluyan libremente. No trates de corregir nada. Y anota, cuando finalices, las tensiones corporales asociadas.

MAPA DE LA EXPERIENCIA DOLOROSA SECUNDARIA

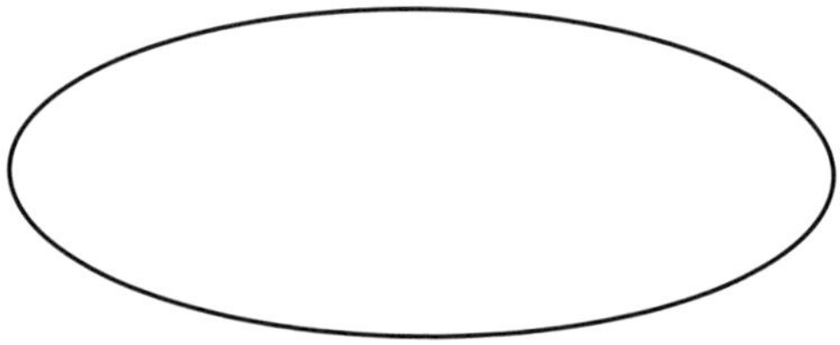

Tensión corporal:

a. Enumera todos los requisitos que, sobre el evento que haya disparado la activación de tu sistema de identidad, puedas identificar:

b. Haz un mapa de burbuja trazando un círculo en torno al pensamiento que más tensión corporal te genere. Dedica varios minutos a anotar más pensamientos en torno al ítem rodeado por el círculo. Señala también del mismo modo el resto de ítems perturbadores. Y, cuando descubras más requisitos, inclúyelos en la lista del apartado a.

c. ¿Cómo actúas desde ese estado corpomental?

3. Haz de nuevo este mapa escribiendo, en el interior de la figura adjunta, la misma experiencia dolorosa secundaria. Escucha ahora, antes de empezar a escribir, los sonidos procedentes del entorno, siente la presión de tu cuerpo sobre el asiento, el apoyo de las plantas de los pies sobre el suelo y contacto de los dedos con el bolígrafo que sostienes en la mano. Y, sin dejar de sentir el bolígrafo en la mano, empieza a escribir, cuando estés más centrado, todos los pensamientos que, al respecto, se te ocurran. Observa, sin dejar de escuchar los sonidos circundantes, el rastro dejado por la tinta sobre el papel.

MAPA CON CONEXIÓN CORPOMENTAL DE UNA EXPERIENCIA DOLOROSA SECUNDARIA

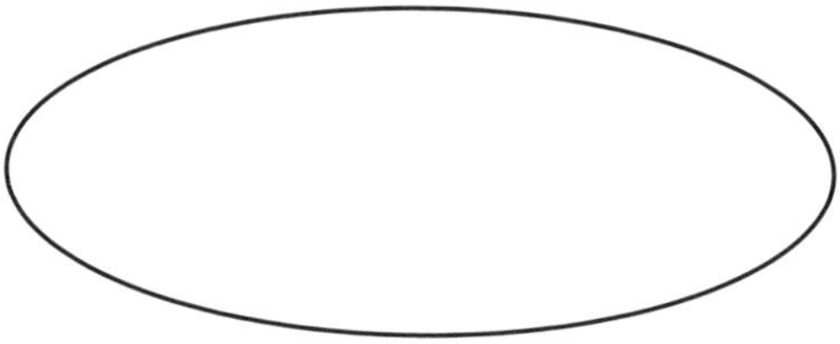

a. Compara ahora ambos mapas. ¿Qué es lo que adviertes?

____

____

____

b. ¿Son tus pensamientos más claros? Sí ______ No ______

c. ¿Cómo te comportas desde este estado?

____

____

d. ¿Estás preparado para desactivar los requisitos adicionales que has identificado en tu mapa anterior? Sí ______ No ______

Este mapa te permite ver directamente que tu sensación de bienestar y paz mental no depende de lo que la gente dice o hace, como tampoco depende de lo que hayas o no hayas vivido.

DÍA DOS **FECHA:** ____________________

Cobra conciencia, a lo largo del día, de todas aquellas ocasiones en que te moleste una conducta ajena.

1. ¿Qué tipo de tensión corporal o ruido mental has percibido cuando la gente no se ha comportado como querías?

____

____

____

2. Identifica los requisitos que, sobre esas personas, albergues:

____

____

____

____

Cuando descubras que alguien se ha comportado de un modo que te moleste (como, por ejemplo, «no me respeta»), subdivide esa conducta en otras más pequeñas (como, por ejemplo, «es como si me mirase por encima del hombro», «una mirada especial» o «un tono de voz condescendiente», «el modo en que expresa sus opiniones sobre la guerra de Irak»). La desactivación de los requisitos que acompañan a las subconductas te ayudará a desactivar el requisito de la conducta principal.

3. Conecta unos instantes, después de haber identificado tus requisitos, con tus sentidos. ¿Qué sucede entonces con los requisitos?

____

____

____

____

4. Traza el mapa de otra experiencia dolorosa secundaria reciente. Anota brevemente la experiencia en el interior de la figura adjunta y escribe, en torno a ella, todo lo que, durante un periodo de entre tres y cinco minutos acuda, al respecto, a tu mente. Resulta de gran ayuda, en este estadio avanzado de la práctica, dejar que los pensamientos y sentimientos fluyan libremente, estén o no directamente ligados a la experiencia traumática. Procura no censurar, pues, tus pensamientos. Y anota, cuando hayas terminado, las tensiones corporales que adviertas.

MAPA DE EXPERIENCIA DOLOROSA SECUNDARIA

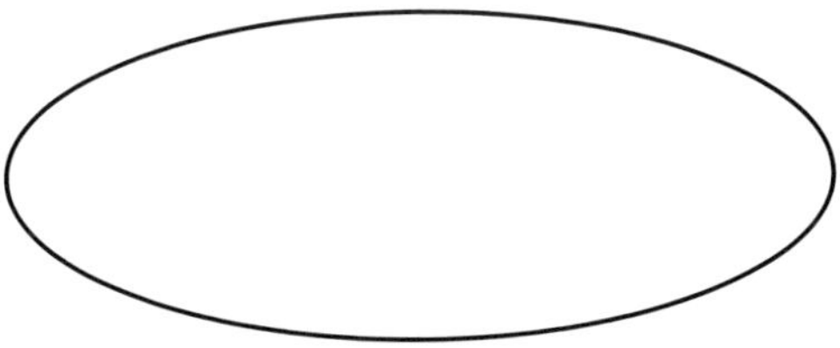

Tensión corporal:

____

____

a. Enumera los requisitos identificados relativos al evento que haya desencadenado la activación de tu sistema de identidad:

____

____

____

b. Esboza, si te molesta algún pensamiento que va acompañado de tensión corporal, un mapa de burbuja trazando un círculo en torno a él. Dedica luego varios minutos a anotar los pensamientos que, al respecto, se te ocurran, en torno del ítem en cuestión. Y añade, en la lista del apartado a, todos los requisitos que vayas descubriendo.

c. ¿Cómo actúas desde ese estado corpomental?

5. Haz el mapa de nuevo anotando, en el interior de la figura adjunta, la misma experiencia dolorosa secundaria. Escucha ahora, antes de empezar a escribir, los sonidos procedentes del entorno, siente la presión de tu cuerpo sobre el asiento, siente el apoyo de las plantas de los pies sobre el suelo y el contacto de los dedos con el bolígrafo que sostienes con la mano. Y sigue sintiendo, una vez centrado, el contacto con el bolígrafo, mientras empiezas a escribir todos los pensamientos que acuden a tu mente. Observa el trazo dejado por la tinta sobre el papel sin dejar de escuchar, por ello, los sonidos que te rodean.

MAPA CON CONEXIÓN CORPOMENTAL DE LA EXPERIENCIA DOLOROSA SECUNDARIA

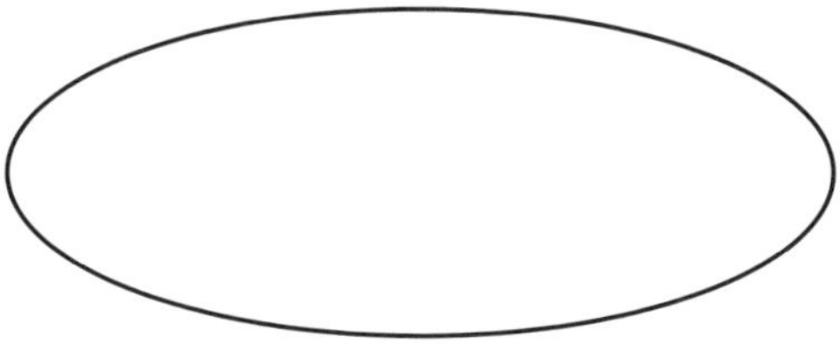

a. Compara ambos mapas. ¿Qué es lo que ves?

b. ¿Son más claros ahora tus pensamientos? Sí ______ No ______

c. ¿Estás preparado para desactivar los requisitos adicionales que te haya revelado el mapa anterior? Sí ______ No ______

d. ¿Cómo actúas desde ese estado?

DÍA TRES **FECHA:** ____________________

Utiliza, en tu vida cotidiana, todas las prácticas de conexión corpomental que hayas aprendido y date cuenta del modo en que modifican tu conducta. Rellena el siguiente estadillo para ver tu avance en el proceso de desactivación de requisitos:

Suceso actual	Requisito	Reacción pasada	Reacción presente
Esa persona me preguntó a cuántas personas había matado en Irak	*La gente no debería preguntarme nada sobre Irak*	*Tensión en la mandíbula, siento cómo mi rostro enrojece de ira, quiero golpearle*	*Frustración, calma. Es una mala persona, no tiene sensibilidad*
En el trabajo dicen que soy sexy	*La gente no debería decir que soy sexy*	*Hombros levantados, opresión en el pecho, vergüenza, me siento abochornada*	*Leve tensión, pero no me retraigo, sino que sigo trabajando*

1. Elige ahora, partiendo de la tabla anterior, un requisito que todavía no hayas podido desactivar y anótalo en el interior de la figura adjunta. Luego escribe, sin censurarlos, en torno a la figura, todos los pensamientos que, al respecto, se te ocurran, durante un periodo de entre tres y cinco minutos. Toma nota finalmente de las tensiones corporales que adviertas.

MAPA DEL REQUISITO DIFÍCIL DE DESACTIVAR

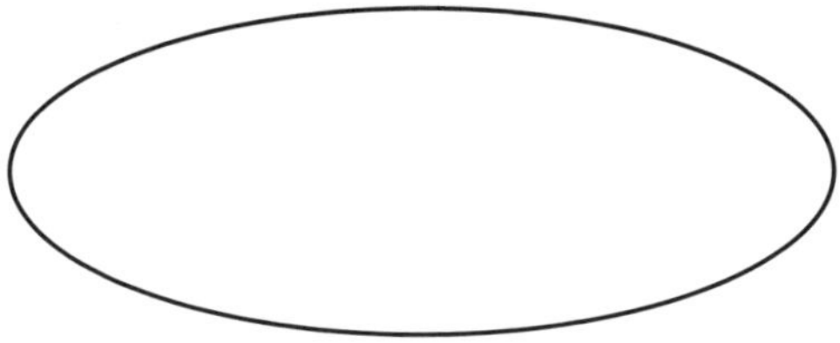

Tensión corporal:

a. Enumera, observando el mapa, los síntomas de hiperactividad de tu sistema de identidad:

b. Enumera tus requisitos:

c. Traza, para identificar más requisitos, un mapa de burbuja en torno a todos los pensamientos perturbadores (es decir, los que más tensión corporal te generan) del mapa anterior. Enuméralos:

2. Elabora de nuevo el mapa anterior anotando el mismo requisito en el interior de la figura adjunta. Pero escucha ahora, antes de comenzar a escribir, los sonidos procedentes del entorno, siente la presión de tu cuerpo sobre el asiento, el apoyo de las plantas de los pies sobre el suelo y el contacto de los dedos con el bolígrafo que sostienes en la mano. Y empieza a escribir, cuando estés más centrado, sin dejar de sentir el bolígrafo en tu mano, todos los pensamientos que acudan a tu mente. Observa, mientras sigues escuchando los sonidos del entorno, el rastro dejado por la tinta sobre el papel.

MAPA CON CONEXIÓN CORPOMENTAL DEL REQUISITO DIFÍCIL DE DESACTIVAR

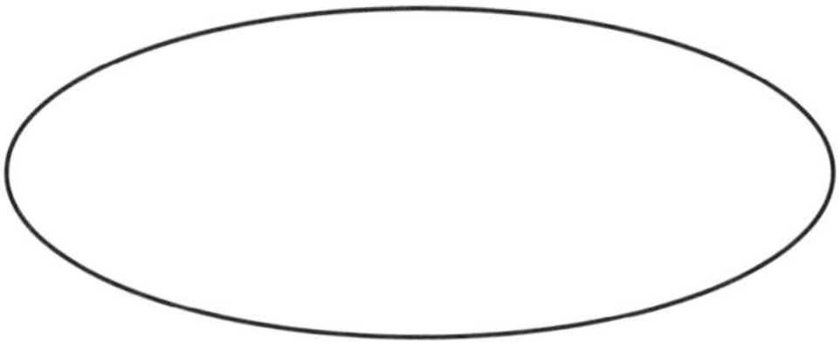

a. ¿En qué difieren y en qué se asemejan este mapa y el anterior?

____

____

b. ¿Cómo actuarías si tu sistema de identidad estuviese en calma?

____

____

c. ¿Estás dispuesto a desactivar los requisitos identificados en el mapa anterior? Sí ______ No ______

d. ¿Cómo afectará este mapa a tu vida?

____

____

3. Los mapas de poder sólo son recomendables para quienes hayan aprendido a aplicar exitosamente a su vida las prácticas de conexión corpomental. Utiliza el mapa de poder cuando te resulte difícil gestionar la hiperactivación de tu sistema de identidad como sucede, por ejemplo, con los traumas recurrentes o los problemas de adicción.

a. Siéntate, para elaborar el mapa de poder, con un bolígrafo y un bloc. Escribe, en el centro de una hoja, la cuestión que más te preocupe (como, por ejemplo, «estoy deprimido», «estoy sin blanca», «no puedo aguantar más esta situación»). Traza luego una elipse en torno a esa cuestión y escribe rápidamente, en torno a ella, todo lo que, al respecto, se te ocurra. Deja que tu sistema de identidad se movilice mientras anotas los pensamientos y sensaciones corporales que adviertas. No trates ahora de apelar a las prácticas de conciencia de la conexión corpomental ni pretendas tampoco resolver el problema. Observa simplemente la activación de tu sistema de identidad.

b. Elige ahora el pensamiento de este mapa que más te preocupe, anótalo dentro de una elipse en otra hoja de papel y haz un mapa tras otro, convirtiendo al pensamiento que más te preocupe en el objeto del siguiente mapa. Haz todos los mapas que necesites, hasta que tu sistema de identidad acabe poniendo de relieve el requisito oculto.

Los mapas de poder hacen que tu verdadero yo aumente su poder y fuerza gracias al incremento de la conciencia de las presiones, impulsos y sensaciones corporales displacenteras de tu yo dañado, sin tener que satisfacer las exigencias impuestas por un sistema de identidad hiperactivo.

4. Haz un mapa de poder, cuando llegues esta noche a casa, de la cuestión más importante que todavía te preocupe.
   ¿Cómo ha ido?

____

____

____

____

____

____

____

____

____

____

Esta práctica avanzada de mapeo pone claramente de relieve la posibilidad de continuar, aun cuando tu sistema de identidad se haya activado, a cargo de la situación. Si utilizas en tu vida todo lo que has aprendido haciendo mapas de poder, ya no tendrás que satisfacer las exigencias impuestas por tu sistema de identidad. De este modo puedes convertirte finalmente en el dueño de tu futuro.

DÍA CUATRO **FECHA:** ____________________

Aunque el siguiente mapa pueda ser complejo, te demostrará que dispones de la energía necesaria para hacer frente a todo lo que el futuro te depare.

1. Haz un mapa de enfermedad, vejez y muerte. Anota, en torno a la figura adjunta, todos los pensamientos que, al respecto, se te ocurran durante un periodo de entre tres y cinco minutos. Da luego rienda suelta a tu sistema de identidad sin revisar, por ello, los pensamientos y toma finalmente nota de las tensiones corporales asociadas.

ENFERMEDAD, VEJEZ
Y MUERTE

Tensión corporal:

a. ¿Cuál es tu estado corpomental?

b. ¿Cuáles son tus depresores, correctores, requisitos y guiones?

c. ¿Cómo vivirías tu vida desde ese estado?

2. Haz de nuevo el mismo mapa. Pero escucha ahora, antes de empezar a escribir, los sonidos procedentes del entorno, siente la presión de tu cuerpo sobre el asiento, el apoyo de las plantas de los pies sobre el suelo y el contacto de los dedos con el bolígrafo que sostienes con la mano. Y sigue sintiendo, una vez centrado, el contacto con el bolígrafo, mientras empiezas a escribir todos los pensamientos que acuden a tu mente. Observa el rastro dejado por la tinta sobre el papel y sigue escuchando los sonidos que te rodean.

MAPA DE ENFERMEDAD, VEJEZ Y MUERTE CON CONEXIÓN CORPOMENTAL

a. ¿En qué difiere este mapa del anterior?

b. ¿Cómo vivirías tu vida desde este estado?

c. ¿Te das cuenta del modo en que los guiones negativos que, sobre el futuro, esboza tu sistema de identidad, te impiden vivir plenamente el presente? Sí ______ No ______

3. Elabora, si hay algún pensamiento de tu primer mapa quc sigue molestándote (como, por ejemplo, «¿qué les pasaría, si muriese, a mis hijos?»), otro mapa relacionado con ese tema. Escribe el pensamiento en la parte superior del mapa y anota todos los pensamientos que, al respecto, se te ocurran. Añade luego las tensiones corporales asociadas que adviertas.

   Mi pensamiento problemático es:

   ENFERMEDAD, VEJEZ
   Y MUERTE

a. Enumera, basándote en este mapa, todos los signos de hiperactivación de tu sistema de identidad:

b. ¿Cuáles son tus requisitos y guiones?

c. Haz un mapa de burbuja, para identificar más requisitos, en torno al pensamiento que más tensión corporal te provoque esbozando un círculo a su alrededor. Dedica unos minutos a anotar más pensamientos en torno al ítem rodeado por el círculo. Traza una burbuja en torno a todos los temas perturbadores que adviertas. Añade todos los requisitos que se pongan así de relieve a la lista del apartado b.

4. Esboza de nuevo el mapa anterior, anotando el mismo pensamiento en la parte superior del mapa. Pero ahora escucha, antes de empezar a escribir, los sonidos procedentes del entorno, siente la presión de tu cuerpo sobre el asiento, siente el apoyo de las plantas de los pies sobre el suelo y siente el bolígrafo que sostienes entre los dedos. Y sigue sintiendo, cuando te hayas centrado, el bolígrafo en la mano mientras empiezas a escribir todos los pensamientos que acuden a tu mente. Observa el rastro dejado por la tinta sobre el papel y sigue escuchando los sonidos del entorno.

   Mi pensamiento problemático es:

ENFERMEDAD, VEJEZ, MUERTE

a. ¿En qué difiere el presente mapa del anterior?

____

____

b. ¿Puedes desactivar los requisitos que se presentan en la vida real y vivir el momento presente?

____

____

Las prácticas de conexión corpomental han sido utilizadas con muchos pacientes afectados de cáncer, mostrándose igual de eficaces tanto en los periodos más llevaderos como en los más difíciles. Esos pacientes han aprendido que, cuando serenan su sistema de identidad, tienen la posibilidad de acceder a un manantial de fortaleza y sabiduría interior.

DÍA CINCO **FECHA:** ____________________

1. Sé consciente, a lo largo del día, de aquellos momentos en que te sientas decepcionado contigo mismo. Toma nota de tu estado de tensión corporal y de tus depresores, correctores y requisitos:

2. Elabora un mapa con tus cinco cualidades más importantes. Anota en él cinco de tus cualidades más relevantes (por ejemplo, digno de confianza, trabajador, cariñoso, etcétera). Bastarán una o dos palabras para definir cada cualidad. Dedica un par de minutos a reflexionar sobre esas cualidades.

MAPA DE MIS CINCO CUALIDADES MÁS IMPORTANTES

a. Observa tu lista y tacha con una cruz la cualidad que menos reseñable te parezca. ¿Cuál es tu reacción cuando te imaginas despojado de esta primera cualidad?

b. Tacha la siguiente cualidad a la que menos importancia atribuyas. ¿Cuál es tu reacción cuando te imaginas despojado de esta segunda cualidad?

c. Tacha, de las que quedan, la cualidad que menos importante te parezca. ¿Cuál es, en este caso, tu reacción?

d. Tacha, de las dos últimas cualidades consignadas en tu lista, la que menos importante te parezca. ¿Cuál es tu reacción al tacharla?

e. Piensa ahora en la última cualidad. Táchala con una cruz. ¿Cuál es ahora tu experiencia?

El grado de dificultad que implique borrar esas cualidades naturales evidencia el poder limitador del sistema de identidad que, apropiándose de tus objetivos, los convierte en requisitos. Es como si tu bienestar dependiese del cumplimiento de esos requisitos. Tu reacción al tachar las cualidades refleja el poder de tu sistema de identidad para definirte como un conjunto fijo de cualidades. Ten en cuenta que, cuando el sistema de identidad se aquieta, el yo verdadero deja de hallarse limitado a un modo concreto de verte a ti mismo.

DÍA SEIS **FECHA:** ____________________

1. Elabora ahora un mapa del pasado, el presente y el futuro. Dedica dos o tres minutos a anotar, bajo el epígrafe «pasado», todo lo que al respecto se te ocurra. Seguidamente describe tus tensiones corporales. Dedica luego entre dos o tres minutos a anotar, en el apartado «futuro», todo lo que, al respecto, se te ocurra y describe también tus tensiones corporales. Dedica, por último, en el apartado «presente», dos o tres minutos a anotar todo lo que, sobre el presente, se te ocurra y acaba describiendo finalmente las tensiones corporales que adviertas.

MAPA DEL PASADO, EL PRESENTE Y EL FUTURO

Pasado

Presente

Futuro

Veamos ahora unas cuantas reflexiones sobre este interesante mapa:

a. El epígrafe «pasado» de tu mapa está plagado de guiones con argumentos tales como «tuve una infancia muy mala», «todo lo he conseguido gracias al esfuerzo» o «mis amigos siempre me han apoyado». Independientemente, sin embargo, de que sean verdaderas o falsas, esas historias tienen el efecto de tensar tu cuerpo y alejarte del momento presente. Cuando reconoces estos guiones en tiempo real, te das cuenta de que te impiden hacer lo que debes hacer en el momento presente.

   ¿Qué adviertes en el epígrafe «pasado» de tu mapa? Enumera tus guiones:

   ____

   ____

b. El epígrafe «futuro» de tu mapa huele a corrector y está lleno de requisitos. Escribe, junto a cada ítem que te genere tensión corporal, los requisitos que puedas identificar. Si el ítem que genera tensión corporal, por ejemplo, es «no cederé a mis deseos y anhelos», el requisito subyacente podría ser «no debería ceder a mis deseos y mis anhelos». El sistema de identidad se ha apropiado del funcionamiento natural de ese pensamiento y lo ha convertido en un requisito que genera tensión corporal y ruido mental. Cuando adviertas la emergencia, en tiempo real, de pensamientos sobre el futuro, toma nota de tus tensiones corporales, identifica tus requisitos y utiliza las prácticas de conciencia de la conexión corpomental y etiquetado de los pensamientos para regresar al momento presente.

   Enumera los requisitos que adviertas bajo el apartado «futuro» de tu mapa:

   ____

   ____

c. El epígrafe «presente» del mapa te muestra lo que, en este mismo instante, estás pensando y sintiendo. Busca indicios de hiperactividad del sistema de identidad como, por ejemplo, tensiones corporales, depresores, correctores y guiones. ¿Puedes descubrir tus requisitos? El sistema de identidad ha tomado contenidos procedentes de tu pasado y de tu futuro para tratar de recomponer el yo dañado. Pero ahora ya sabes que el corrector nunca puede «arreglar» el daño porque, como tú no estás dañado, no necesitas corregir nada. El yo dañado no tiene que ver con lo que has atravesado, sino con las limitaciones que tu sistema de identidad hiperactivo impone a tu capacidad de vivir plenamente el presente.

Enumera los síntomas de hiperactividad del sistema de identidad consignados en el epígrafe «presente». Enumera también tus depresores, correctores, guiones y requisitos.

2. Haz un mapa del presente. Pero apela ahora, antes de empezar a escribir, a las prácticas de conciencia de la conexión corpomental. Escucha los sonidos del ambiente, siente la presión de tu cuerpo sobre el asiento, siente el apoyo de las plantas de tus pies sobre el suelo y siente el contacto de los dedos con el bolígrafo. Y sigue sintiendo, una vez asentado, el bolígrafo en la mano, mientras empiezas a escribir todos los pensamientos relativos al presente que acudan a tu mente. Observa el recorrido de la tinta sobre el papel y sigue escuchando los sonidos circundantes. Toma también nota, pasados dos o tres minutos, de tu tensión corporal.

Tensión corporal

a. ¿Qué adviertes en este mapa que difiera del epígrafe «presente» de tu mapa del pasado, el presente y el futuro?

b. ¿Cómo vivirías tu vida desde ese estado corpomental?

Vivir en el presente no es una iluminación ni un estado supranormal y tampoco implica vivir en «la zona». Tu yo verdadero siempre está presente, aquí y ahora. Cuando tu sistema de identidad permanece en calma, entonces estás en el presente. Los requisitos siempre te alejan de tu yo verdadero y del momento presente. Las ocasiones en que te sientes indigno, aburrido, abrumado, desesperanzado o vacío evidencian la presencia de algún requisito oculto que está bloqueando y usurpando tu funcionamiento natural. Identifica, cuando tu sistema de identidad se halle en pleno auge, los requisitos ocultos y apela a tus prácticas de conexión corpomental para regresar al presente y a lo que, en ese momento, estabas haciendo.

3. Pregúntate, a lo largo del día, «¿dónde estoy?», una práctica tan sencilla como poderosa de conexión corpomental. Cobra conciencia de la tensión corporal, del ruido mental, de los guiones y de los estados emocionales indicadores, todos ellos, de que no vives en el momento presente. Como tu sistema de identidad sólo prospera en la oscuridad, basta con la luz de la conciencia para cambiar a la modalidad de funcionamiento natural.

   ¿Qué has percibido hoy?

Vives en el presente. ¿Podría acaso tu corazón bombear la sangre de ayer o de mañana?

DÍA SIETE **FECHA:** ____________________

1. Elabora un mapa llamado «Lo peor que podría sucederme es que...» Dedica a continuación, entre tres y cinco minutos a anotar, en torno a la figura adjunta, todos los pensamientos que, al respecto, se te ocurran. Toma finalmente nota de las tensiones corporales que adviertas.

LO PEOR QUE
PODRÍA SUCEDERME
ES QUE...
____

Tensión corporal:

____

____

a. Enumera, teniendo en cuenta el mapa, los signos de hiperactividad de tu sistema de identidad:

____

____

b. Enumera los requisitos que encuentres:

____

____

c. Haz un mapa de burbuja sobre cualquier pensamiento que te inquiete (es decir, que más tensión corporal te genere) para poner de relieve más requisitos. Añade los requisitos que así descubras a la lista anterior.

____

____

2. Haz el mapa de nuevo, escribiendo lo mismo en el interior de la figura adjunta. Apela, antes de empezar a escribir, a tus prácticas de conciencia de la conexión corpomental. Escucha los sonidos procedentes del ambiente, siente la presión de tu cuerpo sobre el asiento, siente el apoyo de las plantas de los pies sobre el suelo y del bolígrafo entre los dedos de la mano. Sigue sintiendo, cuando te hayas centrado, el bolígrafo en la mano mientras empiezas a escribir, observando el trazo dejado por la tinta sobre el papel y escuchando los sonidos circundantes. Toma nota luego, durante unos pocos minutos, de todos los pensamientos que, al respecto, acudan a tu mente.

LO PEOR QUE
PODRÍA SUCEDERME
ES QUE...
____

a. ¿Qué diferencias adviertes en este mapa?

____

____

b. ¿Cómo actúas cuando tu sistema de identidad está en calma?

____

____

c. ¿Cómo desactivarás, cuando se presenten en tu vida cotidiana, los requisitos descubiertos en tu mapa anterior?

____

____

d. ¿Te desconecta esta situación de tu yo verdadero?
Sí ______ No ______

e. ¿No te resulta evidente que, en cualquier momento, puedes recuperar tu yo verdadero?
Sí ______ No ______

Escala CMC de evaluación semanal
Curar las heridas secundarias y enfrentarse al futuro con una mente en paz

Fecha: ____________________

¿Cómo ha funcionado, durante la pasada semana, tu práctica? Escoge, de entre las siguientes, la valoración que más se adapte a tu caso (casi nunca, ocasionalmente, habitualmente o casi siempre).

¿Con qué frecuencia...	Casi nunca	Ocasionalmente	Habitualmente	Casi siempre
reconoces los sucesos dolorosos secundarios y sus requisitos ocultos?				
te das cuenta de que no tienes por qué ser víctima de lo que la gente dice o hace?				
te resulta más fácil y tienes más éxito al enfrentarte a los retos que se presentan en tu vida?				
te das cuenta de que tu sistema de identidad es lo único que te impide experimentar tu fuente de curación, bondad, poder y sabiduría?				
te enfrentas el futuro con sosiego mental y una sensación de bienestar?				

Enumera tres requisitos dolorosos secundarios que hayas desactivado:

____

____

Enumera tres situaciones concretas en las que la conexión corpomental haya cambiado tu vida:

____

____

Escala CMC de calidad de vida

Fecha: ____________________

Rellena esta escala CCM de calidad de vida y compárala con las escalas que cumplimentaste en los capítulos 1 y 4. La mejora de tus puntuaciones pondrá de relieve el avance que hayas realizado en el autoconocimiento y en el proceso de autocuración. Tu esfuerzo y perseverancia constituyen la clave para llegar a darte cuenta de que siempre has tenido el poder y la sabiduría de curarte a ti mismo. El empleo de las nuevas herramientas para aquietar tu sistema de identidad y familiarizarte con él te deja libre para vivir una vida más satisfactoria.

¿Cómo te has desenvuelto, durante la última semana, en las siguientes áreas?

Rodea con un círculo el número que más concuerde con tu respuesta	Ninguno	Varios días	Más de la mitad de los días	Casi a diario
1. He estado interesado en hacer cosas	0	1	3	5
2. Me he sentido optimista, excitado y esperanzado	0	1	3	5
3. He dormido bien y me despertado descansado	0	1	3	5
4. He tenido mucha energía.	0	1	3	5
5. He sido capaz de concentrarme en tareas y ser disciplinado	0	1	3	5
6. He estado sano, he comido bien, he hecho ejercicio y me he divertido.	0	1	3	5
7. Me he sentido bien con mis relaciones, con mi familia y con mis amigos	0	1	3	5
8. Estoy satisfecho con mis logros en casa, el trabajo y la escuela	0	1	3	5
9. Estoy a gusto con mi situación económica	0	1	3	5
10. Me siento bien con el fundamento espiritual de mi vida	0	1	3	5
11. Estoy satisfecho con la dirección que sigue mi vida	0	1	3	5
12. Me siento pleno, con una sensación de bienestar y de paz mental	0	1	3	5
Puntuaciones totales por columna	______	______	______	______

Puntuación total ______

10

LA VIDA EN PLENITUD

¡Felicidades por tu esfuerzo y dedicación! Estás curándote a ti mismo del TEPT. La tarea que, durante esta semana, te corresponde, consiste en utilizar todo lo que hayas aprendido en este cuaderno y elaborar uno o más mapas cada día.

Este capítulo resume las herramientas y directrices prácticas sobre conexión corpomental y contiene una guía de mapas y una escala de evaluación semanal que te ayudará a poner de manifiesto los logros que hayas llevado a cabo. Fotocopia la escala para poder seguir utilizándola una vez concluido este cuaderno. Consigue también una libreta en blanco en la que consignar tus mapas y rastrear las puntuaciones de tus escalas semanales. Aunque es mejor utilizar el bloc de notas para los mapas también puedes, en medio de cualquier situación de la vida cotidiana, esbozar mapas en servilletas, bolsas de papel y hojas sueltas. El hábito de crear mapas en tu cuaderno de apuntes es muy importante para tu progreso actual.

Tu sistema de identidad es un compañero que permanecerá contigo durante toda la vida de modo que, si aprendes a relacionarte adecuadamente con él, lograrás una vida plena.

Líneas directrices para la práctica de la conexión corpomental

1. Reconoce los primeros síntomas de hiperactividad del sistema de identidad:
    - tensión corporal
    - ruido mental

2. Utiliza tus prácticas de conexión corpomental y etiquetado del pensamiento para:
    - tranquilizar tu mente
    - relajar la tensión corporal
    - disfrutar de tus sentidos
    - crear bienestar

3. Cobra conciencia de tus guiones para no quedarte estancado en el contenido de tus pensamientos.

4. Sé consciente de tu ciclo depresor-corrector y de la creencia de que estás incompleto o dañado.

5. Elabora mapas de tus pensamientos sirviéndote de las siguientes herramientas:
    mapas de conexión corpomental
    - mapas de burbujas
    - mapas de poder

6. Identifica tus requisitos y desactívalos

7. Familiarízate con tu sistema de identidad y vive la vida en plenitud.

Herramientas de conexión corpomental

Hay veces en que la conexión corpomental es una tarea sencilla pero hay otras, por el contrario, en que las cosas resultan bastante más complicadas. Ten en cuenta que herramientas diferentes sirven para situaciones diferentes. Lo único que necesitas para aquietar tu sistema de identidad, desactivar tus requisitos y funcionar naturalmente es emplear las prácticas de conciencia de la conexión corpomental y de etiquetado de los pensamientos. Hay ocasiones en que lo que único que se requiere es cobrar conciencia de tus guiones y descubrir a tu depresor y tu corrector. En lo que respecta a situaciones más complejas, utiliza los mapas para identificar los requisitos ocultos. Quizás necesites también, para identificar los requisitos más difíciles, utilizar los mapas de burbuja y de poder. Sea como fuere, la conexión corpomental incluye las herramientas que te ayudarán a restablecer exitosamente el funcionamiento natural de tu yo verdadero.

1. *Prácticas de conciencia de la conexión corpomental*: Utiliza todas las veces que puedas este tipo de prácticas, en especial cuando adviertas la presencia de tensiones corporales o de diálogos internos negativos. Conecta con tus sentidos prestando una especial atención a los sonidos procedentes del entorno, sintiendo el contacto de tu cuerpo con las cosas y observando lo que te rodea. Dirige sencillamente tu atención a la actividad que estés llevando a cabo.

2. *Etiquetado de los pensamientos*: Etiquétalos, cuando adviertas la presencia de pensamientos negativos, como «meros pensamientos» y regresa a la actividad en curso. Cuando, por ejemplo, aflore en tu mente el pensamiento de que «nunca volveré a ser el mismo», tienes que pensar «estoy teniendo el pensamiento de que "nunca volveré a ser el mismo", pero lo cierto es que un pensamiento no es más que un pensamiento».

3. *Reconocimiento del ciclo depresor-corrector*: Cuando el depresor se apropia de los pensamientos negativos procedentes de tu funcionamiento natural, acaba convenciéndote de que estás incompleto o dañado. El depresor y el corrector trabajan al unísono en el

mantenimiento de la actividad del sistema de identidad. Cuando predomina la actividad del depresor, nunca hay suficiente y acabas convencido de que necesitas corregir algo. La identificación de tus requisitos ocultos pone fin al ciclo depresor-corrector.

4. *Conciencia de los guiones*: Identifica, cuando te descubras dándole vueltas a determinadas historias, los temas repetitivos, reconoce que hay un guión en marcha y regresa a la tarea en curso. Recuerda que, independientemente de que las historias sean ciertas o no, positivas o negativas, no son tus pensamientos negativos los que te deprimen ni tus pensamientos positivos los que te animan. Son tus guiones los que generan ruido mental y llenan cada célula de tu cuerpo con la tensión corporal que alienta el ciclo depresor-corrector. Cuando tu sistema de identidad captura historias, te aleja del presente y tu conciencia es lo único que puede devolverte a él.
5. *Mapeo*: Comienza un cuaderno de conexión corpomental para tu mapeo diario. No olvides la posibilidad, en un momento determinado, de esbozar mapas sobre cualquier papel que tengas a mano.
    a. *Mapa en dos partes con conexión corpomental*: El primer mapa evidencia la actividad del sistema de identidad. Utiliza la tensión corporal para poner de relieve los requisitos presentes. Utiliza, en el segundo mapa, tus prácticas de conciencia de la conexión corpomental para poner de manifiesto y desactivar los requisitos ocultos y dejar, de ese modo, al yo verdadero a cargo de la situación. Consulta la guía de mapeo que presentamos en la siguiente sección.
    b. *Mapa de burbujas*: Esboza mapas de burbujas para poner de relieve, en cualquier mapa, más requisitos. Traza una «burbuja» en torno al pensamiento que más tensión corporal te genere. Dedica varios minutos a tomar nota, en torno al ítem rodeado por un círculo, de todos los pensamientos que, al respecto, se te ocurran. Sigue esbozando burbujas con todos los pensamientos de tu mapa que te generen una tensión corporal excesiva.

c. *Mapa de poder*: El mapa de poder es una práctica avanzada de mapeo concebida para que las personas que han llevado a cabo una intensa práctica de conexión corpomental cobren conciencia de los requisitos más ocultos asociados a los problemas más difíciles. Este método de mapeo ininterrumpido te permite elaborar mapa tras mapa (sin recurrir a tus prácticas de conciencia de la conexión corpomental) y vigilar la actividad de tu sistema de identidad. Toma a continuación un bolígrafo y un bloc y escribe, en el centro de la hoja, el tema que te preocupe. Esboza una figura elíptica en torno al tema y deja que tu sistema de identidad se movilice mientras anotas todos los pensamientos y sensaciones que, al respecto, acuden a tu mente. No trates de entender lo que está ocurriendo. Sigue haciendo un mapa tras otro apelando al tema más perturbador de un mapa para comenzar el siguiente. Persevera en el proceso de mapeo sin preocuparte por el tiempo invertido hasta que tu sistema de identidad te permita descubrir los requisitos ocultos. Finalmente, el sistema de identidad se tranquilizará solo.

6. *Desactivación de los requisitos*: Siempre que experimentes tensión corporal y ruido mental (como un diálogo interno negativo), utiliza las herramientas de conexión corpomental para sosegar tu sistema de identidad. Identifica luego el requisito oculto (por ejemplo, en lo que concierne al diálogo interno «nunca volveré a ser el mismo», el requisito podría ser «debería ser como antes»). Reconoce luego que los causantes de tu malestar actual no son tanto los sucesos presentes o pasados como el exceso de actividad de tu sistema de identidad. Acostumbrarse a utilizar las herramientas de etiquetado de los pensamientos y de conciencia de la conexión corpomental, así como de identificación de los requisitos, disminuye el poder del sistema de identidad. Esboza un mapa de los requisitos más difíciles de desactivar. Sabrás que has desactivado un requisito cuando experimentes una liberación repentina o gradual de la tensión corporal asociada a la situación.

Guía de mapeo de la conexión corpomental

1. Escoge un tema para hacer un mapa y anótalo en el interior de la figura adjunta. Puede ser algo tan sencillo como «qué hay ahora mismo en mi mente» o tan concreto como una determinada situación perturbadora. Consigna luego por escrito todos los pensamientos que, al respecto, se te ocurran, sin revisarlos, durante un periodo de entre tres y cinco minutos. Anota finalmente las tensiones corporales asociadas.

ELIGE EL TEMA DE TU MAPA

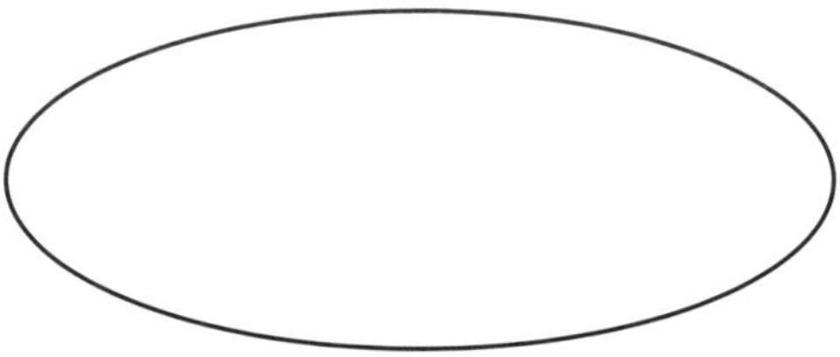

Tensión corporal:

¿Qué está haciendo tu hiperactivo sistema de identidad?

a. ¿Cuáles son tus depresores?

b. ¿Cuáles son tus correctores?

c. ¿Cuáles son tus guiones?

d. ¿Cuáles son tus requisitos?

---

e. Elabora, para identificar más requisitos, un mapa de burbujas sobre los pensamientos que más tensión corporal te generen.

2. Haz de nuevo este mapa utilizando ahora las prácticas de conexión corpomental. Escribe el mismo tema en el interior de la figura. Escucha ahora, antes de empezar a escribir, los sonidos procedentes del entorno y siente la presión de tu cuerpo sobre el asiento, el apoyo de las plantas de los pies sobre el suelo y el bolígrafo que sostienes entre los dedos. Y sigue sintiendo, una vez asentado, el bolígrafo en la mano, mientras empiezas a escribir todos los pensamientos que acuden a tu mente. Observa el rastro dejado por la tinta sobre el papel y no dejes de escuchar los sonidos que te rodean.

ELIGE EL TEMA DE TU MAPA CON CONEXIÓN CORPOMENTAL

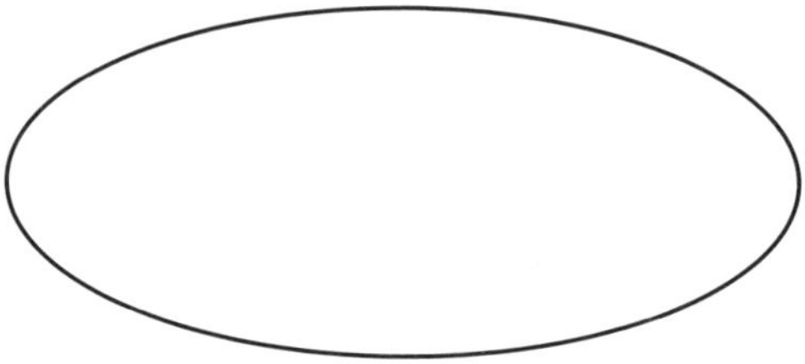

a. ¿En qué difieren y en qué se asemejan este mapa y el anterior?

____

____

b. ¿Cómo actúas cuando te encuentras en este estado corpomental?

____

____

c. ¿Puedes desactivar el requisito identificado en el mapa anterior?

____

____

Recuerda que quien se encuentra, en un determinado momento, al mando es el yo dañado o el yo verdadero. La decisión es sólo tuya.

ESCALA CMC DE EVALUACIÓN SEMANAL DE LA VIDA EN PLENITUD

Fecha: ____________________

¿Cómo ha funcionado, durante la pasada semana, tu práctica? Escoge, de entre las siguientes, la valoración que más se adapte a tu caso (casi nunca, ocasionalmente, habitualmente o casi siempre).

¿Con qué frecuencia...	Casi nunca	Ocasionalmente	Habitualmente	Casi siempre
escuchas los sonidos que te rodean?				
sientes el vaso que sostienes en la mano cuando bebes?				
percibes la gravedad?				
utilizas las prácticas de conexión corpomental para aliviar la tensión nerviosa o mitigar el sufrimiento?				
eres profundamente consciente de tus actividades cotidianas como, por ejemplo, hacer la cama, comer o conducir?				
escuchas el ruido del agua al escurrirse por el desagüe y sientes el agua resbalar sobre tu cuerpo al tomar una ducha o lavarte las manos?				
te ayuda a dormir la conexión corpomental?				
utilizas la conexión corpomental para relajarte y concentrarte?				
percibes la tensión corporal que jalona la activación de tu sistema de identidad?				
te das cuenta de que la hiperactividad del sistema de identidad es la causante de tu problema?				
reconoces a tu depresor?				
reconoces a tu corrector?				
estás familiarizado con tu depresor?				
estás familiarizado con tu corrector?				
identificas los requisitos que te provocan problemas cotidianos?				

desactivas tus requisitos?				
reconoces tus guiones?				
conectas con tus guiones?				
reconoces tu yo dañado?				
experimentas que el yo dañado es un mito del sistema de identidad?				
reconoces tu funcionamiento natural?				
te das cuenta de que tu yo verdadero funciona naturalmente instante tras instante?				
contemplas la vida cotidiana desde una nueva perspectiva?				
elaboras a diario mapas de tu cuerpo-mente?				

APÉNDICE: TÉRMINOS RELATIVOS A LA CONEXIÓN CORPOMENTAL

Sistema de identidad: Todo el mundo tiene uno. Cuando tu sistema de identidad se moviliza (es decir, cuando se activa), el ruido mental (pensamientos recurrentes) y la tensión corporal obstaculizan tu vida y te impiden curar tu TEPT. Cuando tu sistema de identidad está desconectado (es decir, cuando está en calma), tu mente permanece clara y tu cuerpo relajado, posibilitando la curación.

Requisitos: Ideas o reglas mentales (o ambas cosas a la vez) relativas al modo en que el mundo y tú deberíais ser. Tus requisitos son lo único capaz de movilizar tu sistema de identidad. Puedes reconocerlos porque, cuando se quebrantan dichas reglas, te sientes mal.

Depresor: Contribuye a movilizar la actividad del sistema de identidad. Puedes reconocerlo cuando te sientes deprimido, tienes pensamientos negativos, tu cuerpo se tensa y caes en un estado de apatía.

Corrector: Contribuye a que el sistema de identidad permanezca activo. Se reconoce por la presencia de una sensación de apremio y la necesidad de hacer cosas. La misma urgencia evidencia la presencia del corrector.

Guiones: También mantienen la actividad del sistema de identidad. Puedes reconocerlos cuando te descubres atrapado en pensamientos o historias que te alejan del mundo y de la actividad que estés llevando a cabo.

Yo dañado: Modo en que piensas, sientes y actúas debido a la hiperactividad de tu sistema de identidad.

Herramientas de conexión corpomental: Herramientas a las que apelas para desactivar (o aquietar) tu sistema de identidad y poder así curar tu TEPT.

1. *Prácticas de conexión corpomental*: Conexión con los sentidos escuchando los sonidos que te rodean, sintiendo tu cuerpo y sintiendo las cosas con las que estás en contacto.
2. *Etiquetado de pensamientos*: Reconocimiento y etiquetado de los pensamientos recurrentes como «meros pensamientos» y posterior regreso a la actividad que estabas llevando a cabo. Eso impide que los pensamientos hagan que tu cuerpo se sienta mal (es decir, tenso).
3. *Mapeo (mapeo corpomental)*: Breves ejercicios en los que tomas nota de todos los pensamientos que acuden a tu mente con respecto a personas, problemas y acontecimientos de tu vida. Los mapas te ayudan a darte cuenta del daño que el sistema de identidad te está haciendo, de modo que puedas desactivarlo.
4. *Desactivación de requisitos*: Enfrentarte a una situación con la mente clara y el cuerpo en calma, en lugar de sentirte alterado o colapsado cuando se quebrantan las reglas referentes al modo en que supuestamente deberíais ser el mundo y tú.
5. *Familiarización con el sistema de identidad*: Cuando, a través de la simple observación, cede su presión y empieza a reducirse su intensidad, el sistema de identidad deja de ser un enemigo y se convierte en un amigo. De hecho, posteriormente y como amigo, te ayudará incluso a curarte.

Funcionamiento natural: El modo en que piensas, sientes y actúas cuando estás asentado.

Yo verdadero: El que eres cuando estás centrado en ti y el mundo y tu sistema de identidad permanece desactivado.

Momento presente: Aquí y ahora, único lugar en el que realmente puedes vivir tu vida. No es una zona especial ni un estado iluminado o supranormal. Cuando tu sistema de identidad se mantiene en calma, tu yo verdadero vive en el momento presente.

Fuente de salud, bondad, poder y sabiduría: Fuente de poder que, cuando te familiarizas con tu sistema de identidad, siempre está contigo.

REFERENCIAS BIBLIOGRÁFICAS

AMERICAN PSYCHIATRIC ASSOCIATION (APA). 2000. *Diagnostic and Statistical Manual of Mental Disorders (DSM-IV-TR)*. 4ª edición revisada. Washington, DC: American Psychiatric Association.

BLOCK, S.H. y C.B. BLOCK. 2007. *Come to Your Senses: Demystifying the Mind-Body Connection*. 2ª edición. Nueva York: Atria Books/Beyond Words Publishing.

BLOCK, S.H., S.H. HO y Y. NAKAMURA. 2009. «A brain basis for transforming consciousness with mind-body bridging». Artículo presentado en el Congreso de 2009 de Toward a Science of Consciousness, celebrado el 12 junio en la Hong Kong Polytechnical University, Hong Kong (China), Abstract 93.

BOLY, M., C. PHILLIPS, E. BALTEAU, C. SCHNAKERS, C. DEGUELDRE, G. MOONEN, A. LUXEN, P. PEIGNEUX, M.-E. FAYMONVILLE, P. MAQUET y S. LAUREYS. 2008a. «Consciousness and cerebral baseline activity fluctuations.» *Human Brain Mapping* 29 (7): pp. 868-74.

BOLY, M., C. PHILLIPS, L. TSHIBANDA, A. VANHAUDENHUYSE, M. SCHABUS, T.T. DANG VU, G. MOONEN, R. HUSTINX, P. MAQUET y S. LAUREYS. 2008b. «Intrinsic brain activity in altered states of consciousness: How conscious is the default mode of brain function?» *Annals of the New York Academy of Sciences* 1129: pp. 119-29.

MENNINGER, K. 1938. *Man Against Himself.* Nueva York: Harcourt, Brace, Jovanovich.

NAKAMURA, Y., D.L. LIPSCHITZ, R. LANDWARD, R. KUHN y G. WEST. Todavía sin publicar. «Two sessions of sleep-focused mind-body bridging improve self-reported symptoms of sleep and PTSD in veterans: A pilot randomized controlled trial.» *Journal of Psychosomatic Research.*

TOLLEFSON, D.R., K. WEBB, D. SHUMWAY, S.H. BLOCK y Y. NAKAMURA. 2009. «A mind-body approach to domestic violence perpetrator treatment: Program overview and preliminary outcomes.» *Journal of Aggression, Maltreatment, and Trauma* 18 (1): pp. 17-45.

WEISSMAN, D.H., K.C. ROBERTS, K.M. VISSCHER y M.G. WOLDORFF. 2006. «The neural bases of momentary lapses in attention.» *Nature Neuroscience* 9 (7): pp. 971-78.

Stanley H. Block, MD, es profesor adjunto de derecho y psiquiatría en la facultad de derecho de la Seattle University School, profesor adjunto de psiquiatría de la facultad de medicina de la University of Utah y está facultado para el ejercicio de la psiquiatría y el psicoanálisis. Da conferencias y atiende consultas en centros de tratamiento repartidos por todo el mundo y es coautor del conocido libro *Come to Your Senses*. Vive con su esposa, Carolyn Bryant Block, en Copalis Beach (Washington).

Carolyn Bryant Block es coautora de *Bridging the I-System* y del conocido *Come to Your Senses*. También es coautora de la teoría y las técnicas del sistema de identidad.

Aprender de la Ansiedad.
La sabiduría de las emociones

Pedro Moreno

ISBN: 978-84-330-2624-8

En los últimos años más de 25.000 lectores han buscado en los libros de Pedro Moreno respuestas para comprender su ansiedad. En esta nueva obra el autor nos sorprende con un novedoso enfoque para calmar la ansiedad. Sin duda un libro imprescindible para quienes sufren debido a la ansiedad, el miedo o las obsesiones.

"Esta obra combina eficazmente conocimientos y técnicas de la psicología científica moderna y de las antiguas tradiciones de sabiduría para ayudar al lector a superar los miedos, descubriendo en el proceso una vida más consciente, completa y saludable. Se incluyen, además, muchos ejercicios sencillos y fáciles de seguir para facilitar la deseada transformación interior."

Dr. Ronald D. Siegel, Profesor de Psicología
Facultad de Medicina - Universidad de Harvard

"... un libro ameno, didáctico e innovador, que ayudará a los lectores a afrontar sus problemas de ansiedad de manera eficaz y novedosa. Éste es el verdadero descubrimiento que Pedro Moreno nos revela en su libro: Que la ansiedad puede convertirse en un sabio guía que nos muestre el camino que conduce al autoconocimiento y a la curación."

Prof. Vicente Simón, Catedrático de Psicobiología Universidad de Valencia

Comida para las emociones.
Neuroalimentación
para que el cerebro
se sienta bien

Sandi Krstinić

ISBN: 978-84-330-2625-5

Es posible comer felicidad, porque la felicidad procede de la alimentación.

☙ ❧

Comida para las emociones nos familiariza con las sustancias que nuestro cerebro necesita para gestionarse a sí mismo del mejor modo posible. La aparición de un determinado sentimiento exige la síntesis de neurotransmisores específicos, para lo cual es imprescindible el consumo de ciertos alimentos. De ahí que en el siglo del cerebro la neuroalimentación sea la mejor alimentación posible para sentirse a gusto, activo, relajado y feliz.

Esta singular obra se distingue en aspectos cruciales de los textos especializados que se basan exclusivamente en hechos probados. Su espíritu innovador y ejemplar abre un nuevo y particular modo de abordar temas de biomedicina y psicología. Su autor, siguiendo un impulso propio y lleno de entusiasmo, vincula hechos, experiencias y sentimientos. Se trata de un libro innovador e interesante que de principio a fin inspirará en el lector inesperados pensamientos, reacciones y empresas.

Estrésese menos y viva más

Cómo la Terapia de Aceptación y Compromiso puede ayudarle a vivir una vida más productiva y equilibrada

Richard Blonna

ISBN: 978-84-330-2605-7

—No voy a poder terminar el proyecto a tiempo. Estoy desesperado, todo me sale mal. ¿Por qué intento hacerlo todo a la vez?

Nuestra vida está repleta de situaciones estresantes que nos vienen dadas, pero eso no significa que no podamos hacerles frente. De hecho, nuestros propios pensamientos afectan al modo en que nuestro cerebro procesa el estrés, para bien o para mal. La mayor parte del tiempo nuestro cerebro complica los problemas, añadiendo inseguridad y frustración a situaciones ya de por sí difíciles.

"Estrésese menos y viva más" presenta un programa basado en la Terapia de Aceptación y Compromiso (ACT) que puede ayudar a tu cerebro a reaccionar de forma diferente ante el estrés. Gracias a las técnicas de aceptación y Mindfulness que aquí se presentan, podrás aclarar tu confusión mental, aumentar tu concentración, vivir con plena atención el momento presente y canalizar tu energía hacia lo que realmente te importa. Así de simple.

Aprende a aceptar serenamente lo que no se puede cambiar. Encuentra la paz y la alegría en el momento presente. Practica las técnicas de relajación que pueden ayudarte en los momentos de crisis. Encuentra tiempo para ti mismo afirmando tu derecho a decir "No". Inesperado y poderoso... ya no volverás a afrontar tu estrés de la misma manera.

Steven C. Hayes, autor de *Sal de tu mente, entra en tu vida.*

Manual básico de EMDR

Desensibilización y reprocesamiento mediante el movimiento de los ojos

Barbara J. Hensley

ISBN: 978-84-330-2449-7

"Hensley ha escrito un libro sencillo y básico, que constituye el complemento perfecto a los textos de Shapiro".

Dra. Jennifer Lendl

"Los ejemplos, casos, tablas y diagramas... ayudan al terapeuta EMDR a comprender y desarrollar la pericia adicional relativa a este maravilloso método".

Dra. Irene B. Giessl

Este libro de texto ha sido diseñado para ser usado como material adicional al texto original de Francine Shapiro. Incluye una revisión completa del modelo de Procesamiento Adaptativo de la Información (PAI) y de los principios, protocolos y procedimientos de la EMDR tanto para los terapeutas recién formados como para los profesionales experimentados que deseen revisar dichos principios. Sus claves son:

- Una revisión global de la EMDR incluyendo el Procesamiento Adaptativo de la Información y el enfoque de tres vértices con un lenguaje accesible y comprensible.
- Una síntesis de los elementos básicos de las ocho fases de la EMDR con ejemplos de cada fase, de modo que el contenido fundamental pueda ser fácilmente comprendido.
- Estrategias y técnicas para tratar a clientes difíciles, con altos niveles de emociones perturbadoras y con un procesamiento bloqueado.
- Historiales, diálogos y transcripciones de sesiones satisfactorias de EMDR con explicaciones relativas a la justificación del tratamiento.

Serendipity

Directora: Olga Castanyer

1. *Relatos para el crecimiento personal.* Carlos Alemany (ed.). (6ª ed.)
2. *La asertividad: expresión de una sana autoestima.* Olga Castanyer. (35ª ed.)
3. *Comprendiendo cómo somos. Dimensiones de la personalidad.* A. Gimeno-Bayón. (5ª ed.)
4. *Aprendiendo a vivir. Manual contra el aburrimiento y la prisa.* Esperanza Borús. (5ª ed.)
5. *¿Qué es el narcisismo?* José Luis Trechera. (2ª ed.)
6. *Manual práctico de P.N.L. Programación neurolingüística.* Ramiro J. Álvarez. (5ª ed.)
7. *El cuerpo vivenciado y analizado.* Carlos Alemany y Víctor García (eds.)
8. *Manual de Terapia Infantil Gestáltica.* Loretta Zaira Cornejo Parolini. (5ª ed.)
9. *Viajes hacia uno mismo. Diario de un psicoterapeuta en la postmodernidad.* Fernando Jiménez Hernández-Pinzón. (2ª ed.)
10. *Cuerpo y Psicoanálisis. Por un psicoanálisis más activo.* Jean Sarkissoff. (2ª ed.)
11. *Dinámica de grupos. Cincuenta años después.* Luis López-Yarto Elizalde. (7ª ed.)
12. *El eneagrama de nuestras relaciones.* Maria-Anne Gallen - Hans Neidhardt. (5ª ed.)
13. *¿Por qué me culpabilizo tanto? Un análisis psicológico de los sentimientos de culpa.* Luis Zabalegui. (3ª ed.)
14. *La relación de ayuda: De Rogers a Carkhuff.* Bruno Giordani. (3ª ed.)
15. *La fantasía como terapia de la personalidad.* F. Jiménez Hernández-Pinzón. (2ª ed.)
16. *La homosexualidad: un debate abierto.* Javier Gafo (ed.). (4ª ed.)
17. *Diario de un asombro.* Antonio García Rubio. (3ª ed.)
18. *Descubre tu perfil de personalidad en el eneagrama.* Don Richard Riso. (6ª ed.)
19. *El manantial escondido. La dimensión espiritual de la terapia.* Thomas Hart.
20. *Treinta palabras para la madurez.* José Antonio García-Monge. (12ª ed.)
21. *Terapia Zen.* David Brazier. (2ª ed.)
22. *Sencillamente cuerdo. La espiritualidad de la salud mental.* Gerald May.
23. *Aprender de Oriente: Lo cotidiano, lo lento y lo callado.* Juan Masiá Clavel.
24. *Pensamientos del caminante.* M. Scott Peck.
25. *Cuando el problema es la solución. Aproximación al enfoque estratégico.* R. J. Álvarez. (2ª ed.)
26. *Cómo llegar a ser un adulto. Manual sobre la integración psicológica y espiritual.* David Richo. (3ª ed.)
27. *El acompañante desconocido. De cómo lo masculino y lo femenino que hay en cada uno de nosotros afecta a nuestras relaciones.* John A. Sanford.
28. Vivir la propia muerte. Stanley Keleman.
29. *El ciclo de la vida: Una visión sistémica de la familia.* Ascensión Belart - María Ferrer. (3ª ed.)
30. *Yo, limitado. Pistas para descubrir y comprender nuestras minusvalías.* Miguel Ángel Conesa Ferrer.
31. *Lograr buenas notas con apenas ansiedad. Guía básica para sobrevivir a los exámenes.* Kevin Flanagan.
32. *Alí Babá y los cuarenta ladrones. Cómo volverse verdaderamente rico.* Verena Kast.
33. *Cuando el amor se encuentra con el miedo.* David Richo. (3ª ed.)
34. *Anhelos del corazón. Integración psicológica y espiritualidad.* Wilkie Au - Noreen Cannon. (2ª ed.)
35. *Vivir y morir conscientemente.* Iosu Cabodevilla. (4ª ed.)
36. *Para comprender la adicción al juego.* María Prieto Ursúa.
37. *Psicoterapia psicodramática individual.* Teodoro Herranz Castillo.
38. *El comer emocional.* Edward Abramson. (2ª ed.)
39. *Crecer en intimidad. Guía para mejorar las relaciones interpersonales.* John Amodeo - Kris Wentworth. (2ª ed.)
40. *Diario de una maestra y de sus cuarenta alumnos.* Isabel Agüera Espejo-Saavedra.
41. *Valórate por la felicidad que alcances.* Xavier Moreno Lara.
42. *Pensándolo bien... Guía práctica para asomarse a la realidad.* Ramiro J. Álvarez.
43. *Límites, fronteras y relaciones. Cómo conocerse, protegerse y disfrutar de uno mismo.* Charles L. Whitfield.
44. *Humanizar el encuentro con el sufrimiento.* José Carlos Bermejo.
45. *Para que la vida te sorprenda.* Matilde de Torres. (2ª ed.)
46. *El Buda que siente y padece. Psicología budista sobre el carácter, la adversidad y la pasión.* David Brazier.

47. *Hijos que no se van. La dificultad de abandonar el hogar.* Jorge Barraca.
48. *Palabras para una vida con sentido.* Mª. Ángeles Noblejas. (2ª ed.)
49. *Cómo llevarnos bien con nuestros deseos.* Philip Sheldrake.
50. *Cómo no hacer el tonto por la vida. Puesta a punto práctica del altruismo.* Luis Cencillo. (2ª ed.)
51. *Emociones: Una guía interna. Cuáles sigo y cuáles no.* Leslie S. Greenberg. (3ª ed.)
52. *Éxito y fracaso. Cómo vivirlos con acierto.* Amado Ramírez Villafáñez.
53. *Desarrollo de la armonía interior. La construcción de una personalidad positiva.* Juan Antonio Bernad.
54. *Introducción al Role-Playing pedagógico.* Pablo Población Knappe y Elisa López Barberá. (2ª ed.)
55. *Cartas a Pedro. Guía para un psicoterapeuta que empieza.* Loretta Cornejo. (3ª ed.)
56. *El guión de vida.* José Luis Martorell. (2ª ed.)
57. *Somos lo mejor que tenemos.* Isabel Agüera Espejo-Saavedra.
58. *El niño que seguía la barca. Intervenciones sistémicas sobre los juegos familiares.* Giuliana Prata, Maria Vignato y Susana Bullrich.
59. *Amor y traición.* John Amodeo.
60. *El amor. Una visión somática.* Stanley Keleman. (2ª ed.)
61. *A la búsqueda de nuestro genio interior: Cómo cultivarlo y a dónde nos guía.* Kevin Flanagan. (2ª ed.)
62. *A corazón abierto. Confesiones de un psicoterapeuta.* F. Jiménez Hernández-Pinzón.
63. *En vísperas de morir. Psicología, espiritualidad y crecimiento personal.* Iosu Cabodevilla.
64. *¿Por qué no logro ser asertivo?* Olga Castanyer y Estela Ortega. (7ª ed.)
65. *El diario íntimo: buceando hacia el yo profundo.* José-Vicente Bonet, S.J. (3ª ed.)
66. *Caminos sapienciales de Oriente.* Juan Masiá.
67. *Superar la ansiedad y el miedo. Un programa paso a paso.* Pedro Moreno. (9ª ed.)
68. *El matrimonio como desafío. Destrezas para vivirlo en plenitud.* Kathleen R. Fischer y Thomas N. Hart.
69. *La posada de los peregrinos. Una aproximación al Arte de Vivir.* Esperanza Borús.
70. *Realizarse mediante la magia de las coincidencias. Práctica de la sincronicidad mediante los cuentos.* Jean-Pascal Debailleul y Catherine Fourgeau.
71. *Psicoanálisis para educar mejor.* Fernando Jiménez Hernández-Pinzón.
72. *Desde mi ventana. Pensamientos de autoliberación.* Pedro Miguel Lamet.
73. *En busca de la sonrisa perdida. La psicoterapia y la revelación del ser.* Jean Sarkissoff.
74. *La pareja y la comunicación. La importancia del diálogo para la plenitud y la longevidad de la pareja. Casos y reflexiones.* Patrice Cudicio y Catherine Cudicio.
75. *Ante la enfermedad de Alzheimer. Pistas para cuidadores y familiares.* Marga Nieto Carrero. (2ª ed.)
76. *Me comunico... Luego existo. Una historia de encuentros y desencuentros.* Jesús De La Gándara Martín.
77. *La nueva sofrología. Guía práctica para todos.* Claude Imbert.
78. *Cuando el silencio habla.* Matilde De Torres Villagrá. (2ª ed.)
79. *Atajos de sabiduría.* Carlos Díaz.
80. *¿Qué nos humaniza? ¿Qué nos deshumaniza? Ensayo de una ética desde la psicología.* Ramón Rosal Cortés.
81. *Más allá del individualismo.* Rafael Redondo.
82. *La terapia centrada en la persona hoy. Nuevos avances en la teoría y en la práctica.* Dave Mearns y Brian Thorne.
83. *La técnica de los movimientos oculares. La promesa potencial de un nuevo avance psicoterapéutico.* Fred Friedberg. Introducción a la edición española por Ramiro J. Álvarez
84. *No seas tu peor enemigo... ¡...Cuando puedes ser tu mejor amigo!* Ann-M. McMahon.
85. *La memoria corporal. Bases teóricas de la diafreoterapia.* Luz Casasnovas Susanna. (2ª ed.)
86. *Atrapando la felicidad con redes pequeñas.* Ignacio Berciano Pérez. Con la colaboración de Itziar Barrenengoa. (2ª ed.)
87. *C.G. Jung. Vida, obra y psicoterapia.* M. Pilar Quiroga Méndez.
88. *Crecer en grupo. Una aproximación desde el enfoque centrado en la persona.* Tomeu Barceló. (2ª ed.)

89. *Automanejo emocional. Pautas para la intervención cognitiva con grupos.* ALEJANDRO BELLO GÓMEZ, ANTONIO CREGO DÍAZ.
90. *La magia de la metáfora. 77 relatos breves para educadores, formadores y pensadores.* NICK OWEN.
91. *Cómo volverse enfermo mental.* JOSÉ LUÍS PIO ABREU.
92. *Psicoterapia y espiritualidad. La integración de la dimensión espiritual en la práctica terapéutica.* AGNETA SCHREURS.
93. *Fluir en la adversidad.* AMADO RAMÍREZ VILLAFÁÑEZ.
94. *La psicología del soltero: Entre el mito y la realidad.* JUAN ANTONIO BERNAD.
95. *Un corazón auténtico. Un camino de ocho tramos hacia un amor en la madurez.* JOHN AMODEO (2ª ed.).
96. *Luz, más luz. Lecciones de filosofía vital de un psiquiatra.* BENITO PERAL. (2ª ed.)
97. *Tratado de la insoportabilidad, la envidia y otras "virtudes" humanas.* LUIS RAIMUNDO GUERRA. (2ª ed.)
98. *Crecimiento personal: Aportaciones de Oriente y Occidente.* MÓNICA RODRÍGUEZ-ZAFRA (Ed.).
99. *El futuro se decide antes de nacer. La terapia de la vida intrauterina.* CLAUDE IMBERT. (2ª ed.)
100. *Cuando lo perfecto no es suficiente. Estrategias para hacer frente al perfeccionismo.* MARTIN M. ANTONY - RICHARD P. SWINSON. (2ª ed.)
101. *Los personajes en tu interior. Amigándote con tus emociones más profundas.* JOY CLOUG.
102. *La conquista del propio respeto. Manual de responsabilidad personal.* THOM RUTLEDGE.
103. *El pico del Quetzal. Sencillas conversaciones para restablecer la esperanza en el futuro.* MARGARET J. WHEATLEY.
104. *Dominar las crisis de ansiedad. Una guía para pacientes.* PEDRO MORENO, JULIO C. MARTÍN. (11ª ed.)
105. *El tiempo regalado. La madurez como desafío.* IRENE ESTRADA ENA.
106. *Enseñar a convivir no es tan difícil. Para quienes no saben qué hacer con sus hijos, o con sus alumnos.* MANUEL SEGURA MORALES. (14ª ed.)
107. *Encrucijada emocional. Miedo (ansiedad), tristeza (depresión), rabia (violencia), alegría (euforia).* KARMELO BIZKARRA. (4ª ed.)
108. *Vencer la depresión. Técnicas psicológicas que te ayudarán.* MARISA BOSQUED.
109. *Cuando me encuentro con el capitán Garfio... (no) me engancho. La práctica en psicoterapia gestalt.* ÁNGELES MARTÍN Y CARMEN VÁZQUEZ.
110. *La mente o la vida. Una aproximación a la Terapia de Aceptación y Compromiso.* JORGE BARRACA MAIRAL. (2ª ed.)
111. *¡Deja de controlarme! Qué hacer cuando la persona a la que queremos ejerce un dominio excesivo sobre nosotros.* RICHARD J. STENACK.
112. *Responde a tu llamada. Una guía para la realización de nuestro objetivo vital más profundo.* JOHN P. SCHUSTER.
113. *Terapia meditativa. Un proceso de curación desde nuestro interior.* MICHAEL L. EMMONS, PH.D. Y JANET EMMONS, M.S.
114. *El espíritu de organizarse. Destrezas para encontrar el significado a sus tareas.* P. KRISTAN.
115. *Adelgazar: el esfuerzo posible. Un sistema gradual para superar la obesidad.* A. CÓZAR.
116. *Crecer en la crisis. Cómo recuperar el equilibrio perdido.* ALEJANDRO ROCAMORA. (3ª ed.)
117. *Rabia sana. Cómo ayudar a niños y adolescentes a manejar su rabia.* BERNARD GOLDEN. (2ª ed.)
118. *Manipuladores cotidianos. Manual de supervivencia.* JUAN CARLOS VICENTE CASADO.
119. *Manejar y superar el estrés. Cómo alcanzar una vida más equilibrada.* ANN WILLIAMSON.
120. *La integración de la terapia experiencial y la terapia breve. Un manual para terapeutas y consejeros.* BALA JAISON.
121. *Este no es un libro de autoayuda. Tratado de la suerte, el amor y la felicidad.* LUIS RAIMUNDO GUERRA.
122. *Psiquiatría para el no iniciado.* RAFA EUBA. (2ª ed.)
123. *El poder curativo del ayuno. Recuperando un camino olvidado hacia la salud.* KARMELO BIZKARRA. (3ª ed.)
124. *Vivir lo que somos. Cuatro actitudes y un camino.* ENRIQUE MARTÍNEZ LOZANO. (4ª ed.)
125. *La espiritualidad en el final de la vida. Una inmersión en las fronteras de la ciencia.* IOSU CABODEVILLA ERASO. (2ª ed.)

126. *Regreso a la conciencia.* AMADO RAMÍREZ.
127. *Las constelaciones familiares. En resonancia con la vida.* PETER BOURQUIN. (10ª ed.)
128. *El libro del éxito para vagos. Descubra lo que realmente quiere y cómo conseguirlo sin estrés.* THOMAS HOHENSEE.
129. *Yo no valgo menos. Sugerencias cognitivo- humanistas para afrontar la culpa y la vergüenza.* OLGA CASTANYER. (3ª ed.)
130. *Manual de Terapia Gestáltica aplicada a los adolescentes.* LORETTA CORNEJO. (4ª ed.)
131. *¿Para qué sirve el cerebro? Manual para principiantes.* Javier Tirapu. (2ª ed.)
132. *Esos seres inquietos. Claves para combatir la ansiedad y las obsesiones.* AMADO RAMÍREZ VILLAFÁÑEZ.
133. *Dominar las obsesiones. Una guía para pacientes.* PEDRO MORENO, JULIO C. MARTÍN, JUAN GARCÍA Y ROSA VIÑAS. (4ª ed.)
134. *Cuidados musicales para cuidadores. Musicoterapia Autorrealizadora para el estrés asistencial.* CONXA TRALLERO FLIX Y JORDI OLLER VALLEJO
135. *Entre personas. Una mirada cuántica a nuestras relaciones humanas.* TOMEU BARCELÓ
136. *Superar las heridas. Alternativas sanas a lo que los demás nos hacen o dejan de hacer.* WINDY DRYDEN
137. *Manual de formación en trance profundo. Habilidades de hipnotización.* IGOR LEDOCHOWSKI
138. *Todo lo que aprendí de la paranoia.* CAMILLE
139. *Migraña. Una pesadilla cerebral.* ARTURO GOICOECHEA
140. *Aprendiendo a morir.* IGNACIO BERCIANO PÉREZ
141. *La estrategia del oso polar. Cómo llevar adelante tu vida pese a las adversidades.* HUBERT MORITZ
142. *Mi salud mental: Un camino práctico.* EMILIO GARRIDO LANDÍVAR
143. *Camino de liberación en los cuentos. En compañía de los animales.* ANA MARÍA SCHLÜTER RODÉS
144. *¡Estoy furioso! Aproveche la energía positiva de su ira.* ANITA TIMPE
145. *Herramientas de Coaching personal.* FRANCISCO YUSTE (2ª ed.)
146. *Este libro es cosa de hombres. Una guía psicológica para el hombre de hoy.* RAFA EUBA
147. *Afronta tu depresión con psicoterapia interpersonal. Guía de autoayuda.* JUAN GARCÍA SÁNCHEZ Y PEPA PALAZÓN RODRÍGUEZ
148. *El consejero pastoral. Manual de "relación de ayuda" para sacerdotes y agentes de pastoral.* ENRIQUE MONTALT ALCAYDE
149. *Tristeza, miedo, cólera. Actuar sobre nuestras emociones.* DRA. STÉPHANIE HAHUSSEAU
150. *Vida emocionalmente inteligente. Estrategias para incrementar el coeficiente emocional.* GEETU BHARWANEY
151. *Cicatrices del corazón. Tras una pérdida significativa.* ROSA Mª MARTÍNEZ GONZÁLEZ
152. *Ojos que sí ven. "Soy bipolar" (Diez entrevistas).* ANA GONZÁLEZ ISASI - ANÍBAL C. MALVAR
153. *Reconcíliate con tu infancia. Cómo curar antiguas heridas.* ULRIKE DAHM
154. *Los trastornos de la alimentación. Guía práctica para cuidar de un ser querido.* JANET TREASURE - GRÁINNE SMITH - ANNA CRANE
155. *Bullying entre adultos. Agresores y víctimas.* PETER RANDALL
156. *Cómo ganarse a las personas. El arte de hacer contactos.* BERND GÖRNER
157. *Vencer a los enemigos del sueño. Guía práctica para conseguir dormir como siempre habíamos soñado.* CHARLES MORIN
158. *Ganar perdiendo. Los procesos de duelo y las experiencias de pérdida: Muerte - Divorcio - Migración.* MIGDYRAI MARTÍN REYES
159. *El arte de la terapia. Reflexiones sobre la sanación para terapeutas principiantes y veteranos.* PETER BOURQUIN
160. *El viaje al ahora. Una guía sencilla para llevar la atención plena a nuestro día a día.* JORGE BARRACA MAIRAL
161. *Cómo envejecer con dignidad y aprovechamiento.* IGNACIO BERCIANO
162. *Cuando un ser querido es bipolar. Ayuda y apoyo para usted y su pareja.* CYNTHIA G. LAST
163. *Todo lo que sucede importa. Cómo orientar en el laberinto de los sentimientos.* FERNANDO ALBERCA DE CASTRO (2ª ed.)
164. *De cuentos y aliados. El cuento terapéutico.* MARIANA FIKSLER

165. *Soluciones para una vida sexual sana. Maneras sencillas de abordar y resolver los problemas sexuales cotidianos.* DRA. JANET HALL
166. *Encontrar las mejores soluciones mediante Focusing. A la escucha de lo sentido en el cuerpo.* BERNADETTE LAMBOY
167. *Estrésese menos y viva más. Cómo la terapia de aceptación y compromiso puede ayudarle a vivir una vida productiva y equilibrada.* RICHARD BLONNA
168. *Cómo superar el tabaco, el alcohol y las drogas.* MIGUEL DEL NOGAL TOMÉ
169. *La comunicación humana: una ventana abierta.* CARLOS ALEMANY BRIZ
170. *Aprender de la ansiedad. La sabiduría de las emociones.* PEDRO MORENO
171. *Comida para las emociones. Neuroalimentación para que el cerebro se sienta bien.* SANDI KRSTINIĆ
172. *Cuidar al enfermo. Migajas de psicología.* LUCIANO SANDRIN
173. *Yo te manejo, tú me manejas. El poder de las relaciones cotidianas.* PABLO POBLACIÓN KNAPPE
174. *Crisis, crecimiento y despertar. Claves y recursos para crecer en consciencia.* ENRIQUE MARTÍNEZ LOZANO
175. *Cuaderno de trabajo para el tratamiento corpomental del trastorno de estrés postraumático (TEPT). Programa para curar en 10 semanas las secuelas del trauma.* STANLEY BLOCK, doctor en medicina y CAROLYN BRYANT BLOCK

Serie MAIOR

1. *Anatomía Emocional. La estructura de la experiencia somática.* STANLEY KELEMAN. (9ª ed.)
2. *La experiencia somática. Formación de un yo personal.* STANLEY KELEMAN. (2ª ed.)
3. *Psicoanálisis y análisis corporal de la relación.* ANDRÉ LAPIERRE.
4. *Psicodrama. Teoría y práctica.* JOSÉ AGUSTÍN RAMÍREZ. (3ª ed.)
5. *14 Aprendizajes vitales.* CARLOS ALEMANY (ED.). (13ª ed.)
6. *Psique y Soma. Terapia bioenergética.* JOSÉ AGUSTÍN RAMÍREZ.
7. *Crecer bebiendo del propio pozo. Taller de crecimiento personal.* CARLOS RAFAEL CABARRÚS, S.J. (12ª ed.)
8. *Las voces del cuerpo. Respiración, sonido y movimiento en el proceso terapéutico.* CAROLYN J. BRADDOCK.
9. *Para ser uno mismo. De la opacidad a la transparencia.* JUAN MASIÁ CLAVEL
10. *Vivencias desde el Enneagrama.* MAITE MELENDO. (3ª ed.)
11. *Codependencia. La dependencia controladora. La dependencia sumisa.* DOROTHY MAY.
12. *Cuaderno de Bitácora, para acompañar caminantes. Guía psico-histórico-espiritual.* CARLOS RAFAEL CABARRÚS. (5ª ed.)
13. *Del ¡viva los novios! al ¡ya no te aguanto! Para el comienzo de una relación en pareja y una convivencia más inteligente.* EUSEBIO LÓPEZ. (2ª ed.)
14. *La vida maestra. El cotidiano como proceso de realización personal.* JOSÉ MARÍA TORO.
15. *Los registros del deseo. Del afecto, el amor y otras pasiones.* CARLOS DOMÍNGUEZ MORANO. (2ª ed.)
16. *Psicoterapia integradora humanista. Manual para el tratamiento de 33 problemas psicosensoriales, cognitivos y emocionales.* ANA GIMENO-BAYÓN Y RAMÓN ROSAL.
17. *Deja que tu cuerpo interprete tus sueños.* EUGENE T. GENDLIN. (2ª ed.)
18. *Cómo afrontar los desafíos de la vida.* CHRIS L. KLEINKE.
19. *El valor terapéutico del humor.* ÁNGEL RZ. IDÍGORAS (Ed.). (3ª ed.)
20. *Aumenta tu creatividad mental en ocho días.* RON DALRYMPLE, PH.D., F.R.C.
21. *El hombre, la razón y el instinto.* JOSÉ Mª PORTA TOVAR.
22. *Guía práctica del trastorno obsesivo compulsivo (TOC). Pistas para su liberación.* BRUCE M. HYMAN Y CHERRY PEDRICK.
23. *La comunidad terapéutica y las adicciones. Teoría, modelo y método.* GEORGE DE LEON.
24. *El humor y el bienestar en las intervenciones clínicas.* WALEED A. SALAMEH Y WILLIAM F. FRY.
25. *El manejo de la agresividad. Manual de tratamiento completo para profesionales.* HOWARD KASSINOVE Y RAYMOND CHIP TAFRATE.
26. *Agujeros negros de la mente. Claves de salud psíquica.* JOSÉ L. TRECHERA.
27. *Cuerpo, cultura y educación.* JORDI PLANELLA RIBERA.
28. *Reír y aprender. 95 técnicas para emplear el humor en la formación.* DONI TAMBLYN.

29. *Manual práctico de psicoterapia gestalt.* ÁNGELES MARTÍN. (8ª ed.)
30. *Más magia de la metáfora. Relatos de sabiduría para aquellas personas que tengan a su cargo la tarea de Liderar, Influenciar y Motivar.* NICK OWEN
31. *Pensar bien - Sentirse bien. Manual práctico de terapia cognitivo-conductual para niños y adolescentes.* PAUL STALLARD.
32. *Ansiedad y sobreactivación. Guía práctica de entrenamiento en control respiratorio.* PABLO RODRÍGUEZ CORREA.
33. *Amor y violencia. La dimensión afectiva del maltrato.* PEPA HORNO GOICOECHEA. (2ª ed.)
34. *El pretendido Síndrome de Alienación Parental. Un instrumento que perpetúa el maltrato y la violencia.* SONIA VACCARO - CONSUELO BAREA PAYUETA.
35. *La víctima no es culpable. Las estrategias de la violencia.* OLGA CASTANYER (Coord.); PEPA HORNO, ANTONIO ESCUDERO E INÉS MONJAS.
36. *El tratamiento de los problemas de drogas. Una guía para el terapeuta.* MIGUEL DEL NOGAL. (2ª ed.)
37. *Los sueños en psicoterapia gestalt. Teoría y práctica.* ÁNGELES MARTÍN.
38. *Medicina y terapia de la risa. Manual.* RAMÓN MORA RIPOLL.
39. *La dependencia del alcohol. Un camino de crecimiento.* THOMAS WALLENHORST.
40. *El arte de saber alimentarte. Desde la ciencia de la nutrición al arte de la alimentación.* KARMELO BIZKARRA.
41. *Vivir con plena atención. De la aceptación a la presencia.* VICENTE SIMÓN. (2ª ed.)
42. *Empatía terapéutica. La compasión del sanador herido.* JOSÉ CARLOS BERMEJO.
43. *Más allá de la Empatía. Una Terapia de Contacto-en-la-Relación.* RICHARD G. ERSKINE - JANET P. MOURSUND - REBECCA L. TRAUTMANN.
44. *El oficio que habitamos. Testimonios y reflexiones de terapeutas gestálticas.* ÁNGELES MARTÍN (ED.)
45. *El amor vanidoso. Cómo fracasan las relaciones narcisistas.* BÄRBEL WARDETZKI